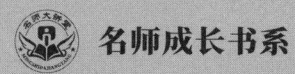 名师成长书系

多模态视角下英语教育教学理论与实践研究

鲁 毅 ◎ 著

哈尔滨出版社
HARBIN PUBLISHING HOUSE

图书在版编目（CIP）数据

多模态视角下英语教育教学理论与实践研究/鲁毅著.
—哈尔滨：哈尔滨出版社，2021.11
ISBN 978-7-5484-6348-1

Ⅰ.①多… Ⅱ.①鲁… Ⅲ.①英语—教学研究—高等学校
Ⅳ.① H319.3

中国版本图书馆 CIP 数据核字（2021）第 231181 号

书　　名：多模态视角下英语教育教学理论与实践研究
DUOMOTAI SHIJIAOXIA YINGYU JIAOYU JIAOXUE LILUN YU SHIJIAN YANJIU

作　　者：鲁　毅 著
责任编辑：曹雪娇
封面设计：笔墨书香

出版发行：哈尔滨出版社（Harbin Publishing House）
社　　址：哈尔滨市香坊区泰山路82-9号　　邮编：150090
经　　销：全国新华书店
印　　刷：武汉颜沫印刷有限公司
网　　址：www.hrbcbs.com　　www.mifengniao.com
E-mail：hrbcbs@yeah.net
编辑版权热线：（0451）87900271　87900272

开　　本：710mm×1000mm　1/16　印张：10.5　字数：167千字
版　　次：2021年11月第1版
印　　次：2022年8月第2次印刷
书　　号：ISBN 978-7-5484-6348-1
定　　价：46.00元

凡购本社图书发现印装错误，请与本社印制部联系调换。
服务热线：（0451）87900279

目录 CONTENTS

第1章 英语教育教学的理论基础 / 1

1.1 语言的本质规律 1
1.2 语言学习的心理学理论基础 8
1.3 英语学习的相关理论 15
1.4 英语教育与其他相关学科 32

第2章 英语教育教学概述 / 43

2.1 英语教育教学的基本内涵 43
2.2 英语教育教学的培养目标与课程目标 46
2.3 英语教育教学的关系定位 50
2.4 英语教育教学的模式与方法 65

第3章 多模态理论与英语教育教学 / 81

3.1 多模态理论的基本内涵 81
3.2 多模态与英语教育教学 91
3.3 多模态视角下的英语教育教学实践探索 106

第4章 英语教育教学的课程设置、内容及评价 / 117

4.1 英语教育教学的课程设置 117
4.2 英语教育教学的主要内容 126
4.3 英语教育教学评价 145

第1章

英语教育教学的理论基础

1.1 语言的本质规律

语言是人类交际的重要工具，语言学研究表明语言是任意的、有声的符号系统。这种符号系统使得生活在某一特定文化中的人们和了解该文化体系的其他人互相交流或互相影响成为可能。语言是一种有声的、表达或交流思想感情的手段，是一套约定俗成的社会性符号，它的最大特点是有固定意义的文字或手势的表达体系。

从以往的研究中，我们可以得出这样一些理论支持：语言是系统的和生成的，语言是任意的，语言是有声的，语言是符号的，语言是发展的，等等。

1.1.1 语言是系统的和生成的

语言具有系统性。语言中所有的元素都依照一定的规则排列，不同的语言有不同的系统和规则。例如汉语中，学狗大天人树，就是毫无逻辑、没有意义的表达；而英语中，zkpd 也是不可能存在的单词；a have I happy family 也不会是正常的英语句子。可见，语言系统是有其内在逻辑和标准的。

语言具有生成性。语言是由语音、语义、语汇、语法四大因素构成的严谨的体系。因为语言使用者能够理解并表达出他们之前从未听过的句子，每天我们都发出一些以前从未发出过的信息，并接收和理解一些新的信息。例如 There sits a Buddha on the floor, 这个句子对于读者来说，一定是第一次看到，而它所描述的也并非寻常事。尽管如此，我们都能毫不费力地理解它，因为它有一定的语法规则。而且，语言的生成性是人类独有的，动物的交流不具备生成性。

语言的系统性和生成性特点给我们的启示是：语言是一个生成系统，不同语言有不同的语法规则，我们可以用有限的材料创造出无限的句子和意义来，人们说话和写作就是创造无限句子和意义的过程。那么在外语教学中，我们不仅要教学生模仿和记忆语言材料，更重要的是，还应培养学生创造性地运用有限的材料，去理解和表达思想的能力。英语教学不能简单停留在机械模仿句型操练的阶段，而要在句型操练和积累语言材料的基础上，归纳总结出语言的规律和规则，并能在其他情景中举一反三地灵活运用语言规则，创造性地运用外语，达到利用语言进行交际的目的。

1.1.2 语言是有声的

语音是语言的物质外壳，是语言的物质材料。人们之所以能感受和运用语言就在于，由口腔发出的语音作为物质外壳使得语言成为物质的、现实的、听得到、说得出、看得见和写得出的语言实践。没有语音的词句并不存在，语音是语言的本质属性。Saussure 说："语言还可以比作一张纸，思想是正面，声音是反面。"可见，语音和意义是语言最重要的两个方面。

首先，从历史上来看，语言的产生是从有声言语开始的。口语是第一性的，而文字及文字语言尽管打破了语言交际的时空限制，使人类的经验能得到不断的积累和发展，在社会生活中起着极为重要的作用，但是文字仍然是第二性的，是在口头语言基础上产生的，是口语的记录。一个社会可以没有文字，但是不可以没有口头语言，没有口头语言的社会不能存在。口头语言的产生已有几十万年的历史了，而记录口头语言的文字却只有几千年的历史。所以，有声语言远远早于无声的文字。

其次，从个体语言发展来看，口语也早于书面语。儿童自出生先是通过语言的声音来感知语言，逐步学会口语表达；在口语表达中大量积累反复训练，甚至过了几年之后，才开始接触文字信息。因此，就个体而言，语言也是先从有声开始。

语言的有声性特点给我们的启示是：在语言教学中要重视听说教学。听说和读写是语言作为交际工具的两种基本形式，英语教学不能只重视读写能力的发展，而忽视了更为重要的有声语言——听说。要注意听说读写的全面发展，在教学中注意分别选用适当的口语和阅读教材，切实培养学生相应的口语表达和书面语表达能力。同时应明确，读写能力是在口语基础上培养起来的，学生首先掌握语言的声音，在掌握声音的基础上学习文字。学习英语要认词读句，就是要先知道词句的读音。语言是声音和意义结合的统一体，语音和语义的结合是语言的本质特征。英语学习首先要掌握好口语，并在口语基础上掌握书面语。这是当前我国英语教育教学需要纠正的地方。

1.1.3 语言是任意的

语言具有任意性。这是指词的意义和发音之间不存在内在逻辑关系，比如英语中我们用 dog 表示狗这种动物或用 pig 表示猪这种动物，汉语中我们分别用狗和猪来指它们，也可能用相同的或类似的音来表示不同的事物，如英语中的 I 和汉语中的爱，发音相似而意义不同，那么为什么会用这些音而不是别的音？研究表明，这些都是任意的，长期以来约定俗成的。

语言的任意性被现代符号学所关注和研究，然而语言并不完全是任意的，有些时候似乎可以看到发音和意义之间存在某些联系。一些复合词并不完全是任意的，这些词的发音与意义之间存在某种联系，例如，既然英语中已经存在着 book 和 store 这两个单词，那么卖书的商店就被称为 bookstore，原因显而易见。当然，这些例外并不能够改变语言任意性的基本特点，语言符号的创制从根本上讲是任意的。

语言的任意性也同时说明了语言的复杂性，说明语言的表达方式可以是多种多样的。语言音义之间排列组合的任意性是人类语言多样性、丰富性和复杂性的一个重要原因。

语言的任意性特点给我们的启示是：语言教学首先要教会学生掌握一定的单词和语法规则，这是学生进入英语这一语言系统的第一步。学生只有掌握了这一语言系统中早已约定俗成的基本规律，才会有能力进行下一阶段更深入的学习。

1.1.4 语言是符号的

既然语言是系统性的，那就必须有某种符号体系来表达。现代符号学的奠基人 C. S. Peirce 是 John Dewey 的老师，他曾说过，符号学是关于符号的正式学说；Saussure 的语言符号学则成为语言教育教学的符号学资源库。他们都确立了语言的任意性是符号表意的根本原则，这和上一节的观点是一致的。语言的意义与符号之间无任何联系，语言符号是被人赋予了意义，使意义与符号之间建立了联系。

Saussure 的语言符号学观点认为，语言其实是一种符号系统，所谓符号就是被人为约定用来指代某些事物的标志。所以符号有以下两个特点：一是，符号有两个基本部分，即形式和内容，符号是形式和内容的结合体。二是，符号和符号所指代的事物之间没有必然的联系，是人为约定的，因而符号是社会的产物，有了人类社会，才有了符号。符号要经过人们的约定，赋予一定的意义和价值才能起到交际的作用，语言就是一种音义结合的符号。但正如 Saussure 所说，一个符号在语言集体中确立后，个人是不能对它有任何改变的，具有强制的不变性。语言符号的任意性和强制不变性，是一个矛盾体的两个方面。

语言的符号性特点给我们的启示是：在英语教学中，要求学生掌握语言的音和义同等重要，听说教学不可偏废，读写教学不可过重，听说读写同时进行才能真正意义地掌握一门外语。

1.1.5 语言是交际的

语言是人类最重要的交际工具，语言是随着人类表达思想和交际的实际需求而产生发展起来的。语言一旦失去其交际工具的重要功能，那么它也就不能生存了。

首先，交际是双向的。人类语言的使用和交际的过程，是说话者（作者）和听者（读者）双向交流思想的过程。说话者或作者用语言表达思想，听者或读者通过语言吸收理解对方所表达的思想。然后听者或读者交流听到的或读到的内容，可能又成了另一种环境中的说话者和作者。用语言表达思想，理解对方所表达的思想和交流思想，是人类运用语言进行交际活动的基本内容，是人类区别于动物的根本标志。

其次，交际是双方有意愿、有内容的创造性活动。交际的目的是交流思想过程，它首先是双向的，然后就是双方有意义的创造性理解和表达。这里，交际双方需要满足有意愿、有内容、有创造性这几个特点。

最后，交际是有差异的。交际双方由于社会地位、文化程度和交流场合的不同，运用语言时往往会存在着很大的社会差异和文化差异。也就是说，运用语言交际时，要注意交际的差异性，交际内容和方式应适合自己的身份和一定的场合。

语言的交际性特点给我们的启示是：语言的交际性影响和决定了英语教学的指导思想、教学目的、教学目标、教学内容、教学原则、教学过程等最根本性问题以及有关教学法、考试方式等许多重要问题。因此，英语教学要以培养学生掌握运用英语的交际能力为目的，英语教学过程中贯彻交际性原则，尽量运用英语教英语，创设英语环境，培养英语思维，提供交际机会，使学生在运用英语的过程中真正灵活掌握该语言。同时评价机制也应将考查学生运用英语进行交际的能力考虑进去。

1.1.6 语言是发展的

语言的发展性涉及两个方面，一个是语言的历史发展，是指人类社会语言的发展演变过程和各种语言随着不同时期的发展而产生的变化，它是人类学和语言学的研究课题；另一个是语言的个体发展，是指人类个体出生后的一定时期内掌握本族语和外语的过程，它是儿童心理学的重要研究课题。不管哪一种发展，都表明语言的动态发展性，都是用一种辩证思维的方式看待语言。

首先，语言的历史发展。语言是一种社会现象，它是社会的产物，会随着社会的发展而发展，所以，社会发展是语言发展的强大动力。

社会发展带来很多新事物、新思想和新方法，这些东西自然会刺激人们用新的语言来表达和传递，这就自然促进了语言本身要丰富新词汇，改进新语法，以满足日益增长的社会交际的需要。语言随社会的发展而发展，它也同样会随着社会的灭亡而灭亡。例如：世界历史上的达契亚语、伊特鲁里亚语、希伯来语，我国历史上的西夏语、满族语等。还有颇有争议的拉丁语，很多学者都认为，古代拉丁语几乎没有人说，它只是一种书面用语和学术用语。而且，现今找到的古代人使用的日常书面语，比如庞贝城墙上的文字，也表明了古代拉丁语实际上在罗马帝国衰亡之前就早已消失了。而罗马帝国的灭亡，却催生了新的语言，也就是英语。随着社会的发展，不同社会和民族之间的交往融合，导致语言的互通与互学，借来语（Borrowed language）由此产生。例如，英语中有大量法语、希腊语和拉丁语等外来词汇，汉语中也有大量外来语，像奥林匹克、巧克力、沙发、列巴、巴士等，这些新词汇的出现都是随着社会交际的逐步发展和国际化而来的。

语言发展的内部原因也决定了语言的发展。语言是一种符号系统，系统内各因素经常处于一种平衡状态。但是，某些社会原因导致这种平衡状态被打破了之后，各因素就要做出一些调整以适应新形势，达到新平衡。语言自身就是在这种自我平衡——外力失衡——调整新平衡的不断循环中协调发展的。当然，语言发展也有渐变性和不平衡性的特点。下面以英语和汉语为例，来看语言的历史发展性。

英语的发展经历了三个阶段，即：古英语（Old English）时期，即盎格鲁-撒克逊（Anglo-Saxon）时期；中古英语（Middle English）时期，即诺曼征服（Norman Conquest）时期；现代英语（Modern English）时期，即文艺复兴运动、英国资产阶级革命和工业革命之后英语的迅速发展和被带到世界其他地方而广泛传播和使用。莎士比亚时期的英语就应该属于早期的现代英语（Early Modern English），也就是文艺复兴时期的英语。特别是20世纪以来，随着科技的迅猛发展，各种宣传媒体越来越普及，两次世界大战后，世界各国的人们交往更加频繁和多样，英语的发展也就格外迅速，是以之前几千年几倍的速度在发展。

汉语的发展经历了四个阶段，分别是：上古汉语，即夏朝以前到晋朝时期的汉语；中古汉语，即南北朝、隋朝、唐朝以及宋朝前期的汉语；近代汉语，即早期白话文为代表的汉语；现代汉语，即现代汉民族使用的语言。"文言"和"白话"的发展也是汉语发展的一种反映形式，我国古代社会中掌握书面语的仅仅是少数受过教育的人，书面语代代相传，很容易和口语脱节，形成一种脱离口语的书面语，这就是通常所说的"文言"。文言最初也是在口语的基础上形成的，以后却和口语的距离越来越远。这样到了唐宋时代，在人民大众口语的基础上又形成了一种新的书面语，这就是"白话"，白话始终是和口语密切联系的。宋元以后用白话写作的文学作品就大量出现了。二十世纪初"五四运动"以后，掀起了"白话文运动"和"国语运动"。这两个运动互相推动、互相影响，使书面语和口语接近起来并有了统一的规范，形成了言文一致的现代汉语普通话。

即使是现代汉语，也在不断发生变化。2010年以前，人们一定说不出"尬聊""戏精""不明觉厉""蓝瘦香菇""No zuo, no die""肿么了""感觉自己out了""扎心了，老铁""我不会这样轻易地狗带"等等这些年年出新的网络流行语。这里需要说明的是，词汇是随着年代不断充实和发展的，但基本语法没有什么变化。

其次，语言的个体发展。语言发展的敏感期、语言发展的关键期等等，都是探讨个体语言发展阶段的。语言敏感期是指婴儿语言学习能力最强的时期，不同的专家有不同的解读，其中蒙台梭利认为语言敏感期发生在0-6岁。在这个时期里，婴幼儿学会大量的正确发音，掌握大量词汇，懂得了一定的语法，使得他们的口语表达能力飞速上升，这段时期对婴幼儿而言非常重要，是婴幼儿学习语言的关键期。语言发展关键期分为：语言准备期，即语言的预备阶段（1-3岁幼儿前期）；语言完备期，即复合句的过渡阶段（3-6岁幼儿）。影响婴幼儿语言发展的因素有：语言环境、语言智力和遗传因素。

语言的发展性给我们的启示是：一是理解学生，因为语言是发展的，学生对各种语言形式的新发展新变化比较敏感，他们在语言表达中使用的新词汇新形式，我们在教学中应该理解、包容、接受并加以正确引导。同时，教师要以发展的眼光看待学生，尊重学习规律和学生的认知特点，耐心引导学生，并抓住学生语言发展的关键期，加强各种科学合理有成效的语言教育与训练，使学生在最佳时期掌握语言，包括母语和外语。

1.2 语言学习的心理学理论基础

语言学习是一个复杂的过程,包括第一语言的习得和第二语言的学习。英语教育教学不是简单地传授英语知识和技能,它与教育学、心理学、语言学等相关学科紧密相连。优秀的英语教师首先要系统学习这些相关学科,懂得这些教与学过程的基本知识和规律,懂得学生的身心特点和认知规律,并利用这些知识帮助学生,在课堂内外丰富他们的知识。

教育学、心理学及教育心理学将心理学知识应用于教育方面,帮助人们理解教育过程。教育心理学家对学习的看法不尽相同,有时差异很大,产生了不同的学派,如行为主义、认知心理学、人本主义、建构主义等等。

这些理论对英语教学产生了很大影响,以至于英语教学在不同时期出现了不同的教法流派。下面我们简述这些心理学的理论,以及它们如何影响英语教学。

1.2.1 行为主义心理学（Behavioral psychology）

行为主义心理学扎根于实证主义哲学,影响了外语教学达几十年之久,并继续影响外语教学。行为主义心理学企图用某种形式的条件作用解释所有学习。俄国巴甫洛夫的经典条件反射作用或称为刺激—反应理论通过狗或其他动物的实验表明:一个刺激产生一个反应,这个反应也可以由另一个刺激所产生。华生（Watson）是行为主义在美国的代表人物,他证明了把一个无害的刺激（白兔）或某事件与不愉快的事件相联系,使之共现,这样会很容易使人产生恐惧。美国的行为主义者集中研究刺激—反应链索的本质,如何在这个链索中塑造反应,以及形成刺激—反应关系的条件。

行为主义另一代表人物 Skinner 认为,对人类行为的研究要放在可观察得到的行为上。他还认为学习是环境作用的结果,不是遗传所致。他引入了操作性的概念,用操作性条件反射解释学习,即个体以特定的方式对刺激做出反应。所发生的行为会影响该行为是否得到重视。如果该行为受到奖励,它重现的机会就会增加;受到惩罚,重现的可能性就降低。斯金纳认为语言的发展也可以这样来解释。他的观点一出来就受到了猛烈的抨击,后来斯金纳转向教学研究，他认为按照四步程序可以改进教学。这四步程序是，教师应该明确教学目标；学习任务应该分解成为小的台阶；应该鼓励学生以个人的速度学习，利用个别化的学习方案；学习应该结合上述程序化的步骤，对学习提供及时的正强化，建立在每一个台阶都百分之百成功的基础之上。

外语教学界采纳了斯金纳的教学原则，教师给学生安排了设有小台阶的学习任务，即句型。这就是刺激，学生对此做出反应，教师对学生的反应给予强化。因此学习语言就成为获得一套机械的习惯的过程，在这里错误要及时更正，否则错误将强化"不良习惯"。

下面看几则行为主义心理学论在英语教学中的实例：

（1）教师：

Have you got any dolls from Japan? All together.

I've got some dolls from China. All together.

其他替换项目：any picture books

some Chinese kites

any dragon kites

any photos of your bicycle

some photos of my new bicycle

在这个活动中，教师提供刺激的句型，学生重复练习，其教学目标是学生能够掌握句型：Have you got any... 和 I've got some...。

（2）句型

He likes doing...

She likes doing...

训练：play football on Sundays

反应：She likes playing football on Sundays.

其他替换项目：Go to the zoo with friends on weekends

Have a cup of coffee in the morning

Run in the afternoon

Clean the house after work

这项活动利用替换练习的形式操练，教师给出提示，学生完成句子。

基于行为主义心理学的方法（听说法）有一些局限性：学生被动地学习，对刺激做出反应；只注意可观察得到的行为（重复等），不注意学生头脑里的思维过程；只注意形式，不注重意义；没有让学生运用语言实际交往的过程；不允许犯错误，而错误是学生学习中必不可少的组成部分。

尽管听说法有这些局限，仍然有许多教师大量使用。其原因有多种：部分教师未经过外语教学的职业培训，而使用听说法来培训比较容易（介绍新语言项目、练习、重复、操练）；教师可以机械地按照教材提供的练习去组织课堂教学；教师缺乏自信心，使用听说法可以增加信心；教师自己的目的语水平不够高，乐于使用机械的练习形式；行为主义听说法有完整的理论体系，而交际化的方法缺乏完整的理论体系。

然而，行为主义的学习观也含有合理的成分，不应忽视。如提供恰当的学习环境，运用强化手段等。但是，因为行为主义忽视学生学习中观察不到的心理活动，而这恰恰是学生在学习中大量带入学习任务中的。研究这方面的学习，需要认知心理学的理论。

1.2.2 认知心理学（Cognitive psychology）

认知心理学与行为主义心理学相反，它关心人的思维过程和学习过程，包括人如何记忆，如何利用记忆等。近年来，认知心理学对外语教学产生了重大影响，学生被看作是学习过程积极的参与者，为了成功地掌握语言系统而使用各种各样的学习策略。

下面是认知心理学在外语教学中的一例，从此例中可以看到学习者需要用心去观察、去思考、去分类、去假设。这样，他们才会逐渐地发现语言规律。

例如：学习以 s 结尾的词

教师：请看下列对话，John 和 Dan 在谈论他们的家庭。哪些单词是以 s 或者 's 结尾的？这些单词就像 his 一样，总以 s 结尾吗？那下面这个呢：

I've got one brother and he's got two daughters. 请把下列以 s 或者 's 结尾的

单词分成四类。

John 的家庭

D: If we look at your mother Sheila, has she got any brothers and sisters?

J: Yes, she's got one sister.

D: No brothers?

J: No.

D: OK, what about your father?

J: She's got three sisters.

D: Oh, and no brothers?

J: No.

Dan 的家庭

J: Now, it's my turn. Your father's called Scott? And your mother's called Pat?

D: That's right.

J: And your brother's married to... Jane?

D: Jane, good.

J: Jane, and they've got two daughters called...

D: Emma and Sarah.

在认知心理学里,有许多不同的研究人类思维的方式,形成不同的学派。有一派理论为信息加工论,将人脑比作复杂的计算机,通过人工智能系统、记忆模式和阅读过程理论,解释学习的方方面面。此外,还有大量关于人工智能的研究。

信息加工论者把人的学习过程看作信息接收、提取、加工的过程。研究的中心课题是注意、感知、记忆。他们建立模式和程式解释人脑的工作过程,外语教师可从中获得启发。比如,过去外语教学把学生注意力引导到语言功能或语言运用方面。如何帮助学生注意相关的或者重要的信息,忽视不相关的或者不重要的信息,成为教师的一个挑战。教师还要帮助学生掌握一些记忆策略,因为单纯的机械重复是不够的。外语教师对语言能力也应有个正确认知,特别是中国学生具有语言加工的特殊能力。对教师来说,具有挑战性的工作是要帮助学生培养学习策略和思维能力。

虽然信息加工论对于我们认知人的学习过程有所帮助，但是，它对个体如何将个人的认知、经验等带入学习过程却重视不够。这里 Piaget 的构建观给我们认识学习的本质提供了新视角。皮亚杰认为：学习不是单纯地积累事实、培养技能的过程，而是根据个人经验构建个人的理解的过程。也就是说，个人从周围世界和个人经历中创造出个人的理解。这种观点将学习者放在学习理论的中心位置。根据这种理论，教师应该鼓励学生从语言输入和学习任务中积极创建个人的理解，不鼓励被动接受；鼓励深入思维，不提倡机械记忆；注意让学习任务与学生认知水平相匹配；不断促进学生的中介语或者语际语（Interlanguage）的发展。

哈佛大学的心理学教授 Bruner 是皮亚杰观点的支持者，他将其理论用在学习上的实例是发现法学习。他认为培养概念上的理解，培养认知技能和策略是教育的核心，而不是掌握一些事实性的信息。教育的目标之一是帮助学生学会如何学习，教师要给学生创造最佳的学习环境。

1.2.3 人本主义心理学（Humanistic Psychology）

人本主义强调培养完整的人，而不仅仅培养认知技能，它将个体的思想、情感、情绪置于人的发展的最重要位置。有一些人本主义心理学的思想（Erikson 1963; Maslow 1968, 1970; Rogers 1969）对外语教学产生了重大影响。有的语言教育家（Stevick 1976）认为现代语言教学失败的原因在于一种"距离感"，它存在于学习者与教材之间、学习者与学习者之间、学生与教师之间。他呼吁使用人本主义的教学法。有一些教学法正是建立在人本主义心理学的基础之上的，如：沉默法，暗示法，社区语言学习法。它们共同的特点是：以心理学而不是以语言学为更重要的基础；重视学习和语言的情感方面；将学生看作是完整的人；重视学习环境，减少焦虑，提高安全感。

人本主义心理学对于指导语言教学有着重要的意义，归纳起来如下：

创造一种归属感，让学生感到它们处于一种和谐、愉快、互相尊重的环境，使它们身在其中，这样可以使它们建立自尊。

使所教的内容对学生有意义,与他们的经验、经历相关,使他们能够理解。

鼓励自我意识,自我尊重,自我评估。

减少批评,鼓励主动性创造性,教师对语言学习中错误的本质应有正确的认识,创造机会多让学生运用语言。

学习活动要能够调度动学生的情感和情绪,一味机械地操练就过于枯燥。

在学习过程中给学生选择的机会,这里指的当然不是测试题或练习题里的"多项选择"。这里所说的选择,是让学生选择他们想学的内容、想说的话题、想表达的方式等。

1.2.4 建构主义理论(Constructivism)

建构主义理论是在认知主义心理学的基础上发展起来的。该理论主要有个人建构主义和社会建构主义两大派别,其主要代表人物是Piaget、Vygotsgy和Sternberg。建构主义理论的四个重要概念是图式、同化、顺应和平衡。

建构主义源自关于儿童认知发展的理论,由于个体的认知发展与学习过程密切相关,因此利用建构主义可以比较好地说明人类学习过程的认知规律,即能较好地说明学习如何发生、意义如何建构、概念如何形成,以及理想的学习环境应包含哪些主要因素,等等。总之,在建构主义思想指导下可以形成一套新的比较有效的认知学习理论,并在此基础上实现较理想的建构主义学习环境。

建构主义所蕴含的教学思想主要反映在知识观、学习观、学生观、师生角色的定位及其作用、学习环境和教学原则等方面。

1.2.4.1 建构主义的知识观

(1)知识不是对现实的纯粹客观的反映,任何一种传载知识的符号系统也不是绝对真实的表征。它只不过是人们对客观世界的一种解释、假设或假说,它不是问题的最终答案,它必将随着人们认识程度的深入而不断地变革、升华和改写,出现新的解释和假设。

(2)知识并不能绝对准确无误地概括世界的法则,提供对任何活动或问题解决都实用的方法。在具体的问题解决中,知识是不可能一用就准、一用就灵的，而是需要针对具体问题的情景对原有知识进行再加工和再创造。

（3）知识不可能以实体的形式存在于个体之外，尽管通过语言赋予了知识一定的外在形式，并且获得了较为普遍的认同，但这并不意味着学习者对这种知识有同样的理解。真正的理解只能由学习者基于自己的经验背景而建构起来，取决于特定情况下的学习活动过程。否则，就不叫理解，而叫死记硬背或生吞活剥，是被动的复制式的学习。

1.2.4.2 建构主义的学习观

（1）学习不是由教师把知识简单地传递给学生，而是由学生自己建构知识的过程。学生不是简单被动地接收信息，而是主动地建构知识的意义，这种建构是无法由他人来代替的。

（2）学习不是被动接收信息刺激，而是主动地建构意义，是根据自己的经验背景，对外部信息进行主动地选择、加工和处理，从而获得自己的意义。外部信息本身没有什么意义，意义是学习者通过新旧知识经验间的反复的、双向的相互作用过程而建构成的。因此，学习不是像行为主义所描述的"刺激—反应"那样。

（3）学习意义的获得，是每个学习者以自己原有的知识经验为基础，对新信息重新认识和编码，建构自己的理解。在这一过程中，学习者原有的知识经验因为新知识经验的进入而发生调整和改变。

（4）同化和顺应，是学习者认知结构发生变化的两种途径或方式。同化是认知结构的量变，而顺应则是认知结构的质变。同化—顺应—同化—顺应……循环往复，平衡—不平衡—平衡—不平衡……相互交替，人的认知水平的发展，就是这样的一个过程。学习不是简单的信息积累，更重要的是包含新旧知识经验的冲突，以及由此而引发的认知结构的重组。学习过程不是简单的信息输入、存储和提取，是新旧知识、经验之间的双向的相互作用的过程，也就是学习者与学习环境之间互动的过程。

1.2.4.3 建构主义的学生观

（1）建构主义强调，学习者并不是空着脑袋进入学习情境的。在日常生活和以往各种形式的学习中，他们已经形成了有关的知识经验，他们对任何事情都有自己的看法。即使是有些问题他们从来没有接触过，没有现成的经验可以借鉴，但是当问题呈现在他们面前时，他们还是会基于以往的经验，依靠他们的认知能力，形成对问题的解释，提出他们的假设。

（2）教学不能无视学习者的已有知识经验，简单强硬地从外部对学习者实施知识的"填灌"，而是应当把学习者原有的知识经验作为新知识的生长点，引导学习者从原有的知识经验中生长新的知识经验。教学不是知识的传递，而是知识的处理和转换。教师不单是知识的呈现者，也不是知识权威的象征。教师应该重视学生自己对各种现象的理解，倾听他们时下的看法，思考他们这些想法的由来，并以此为据，引导学生丰富或调整自己的解释。

（3）教师与学生、学生与学生之间需要共同针对某些问题进行探索，并在探索的过程中相互交流和质疑，了解彼此的想法。由于经验背景差异的不可避免，学习者对问题的看法和理解经常是千差万别的。其实，在学生之中，这些差异本身就是一种宝贵的现象资源。建构主义虽然非常重视个体的自我发展，但是也不否认外部引导，即教师的影响作用。

总之，建构主义理论的内容很丰富，但其核心只用一句话就可以概括：以学生为中心，强调学生对知识的主动探索、主动发现和对所学知识意义的主动建构（而不是像传统教学那样，只是把知识从教师头脑中传送到学生的笔记本上）。以学生为中心，强调的是"学"；以教师为中心，强调的是"教"。这正是两种教育思想、教学观念最根本的分歧点，由此而发展出两种对立的学习理论、教学理论和教学设计理论。由于建构主义所要求的学习环境得到了当代最新信息技术成果的强有力支持，这就使建构主义理论日益与广大教师的教学实践普遍地结合起来，从而成为国内外学校深化教学改革的指导思想。

1.3 英语学习的相关理论

1.3.1 第二语言习得理论

S.D.Krashen 是美国南加州大学的教师，他从 20 世纪 70 年代初开始研究第二语言习得，并于 80 年代初期提出了著名的第二语言习得理论——"监控理论"，包括"五大假说"，它们是：习得—学习假说；情感过滤假说；监控假说；输入假说；自然顺序假说。

图 1-1　第二语言习得理论

1.3.1.1　习得—学习假说（The Acquisition—Learning Hypothesis）

Krashen 理论的出发点和核心是他对"习得"和"学习"的区分以及对它们各自在习得者第二语言能力形成过程中所起的作用的认识。"习得"是潜意识过程，是注意意义的自然交际的结果，儿童习得母语便是这样的过程。

与之相对的是"学习"，这是个有意识的过程，即通过课堂教师讲授并辅之以有意识的练习、记忆等活动，达到对所学语言的了解和对其语言形式和语法概念的掌握。

Krashen 认为，只有"习得"才能直接促进第二语言能力的发展。而对语言结构有意的了解作为"学习"的结果，只能在语言运用中起监控作用，而不能视为语言能力本身的一部分。

Krashen 断言，"学习"的知识与"习得"的知识二者是相互独立的，不存在转换关系。

1.3.1.2 语言输入假说（The Input Hypothesis）

在五大假说中，语言输入假说无论在理论上还是在实践上都最具重要性。这一假说试图解释语言学习者是如何习得语言规则、如何从一种语言状态过渡到另一种语言状态。Krashen认为，适度足量的"可理解的语言输入"（Comprehensive input）是语言习得的必要条件。所谓"可理解的语言输入"是指"语言输入要对语言学习者起作用，必须既不太难也不太容易"。

"i+1"公式："i"代表习得者现有的水平；"i+1"是学习者下一阶段要达到的语言水平；"1"代表学习者现有语言水平与学习者下一阶段要达到的语言水平的过渡距离。这一距离的顺利过渡依靠语言环境所提供的相关信息、学习者的语言学习经验和学习策略。

1.3.1.3 监控假说（The Monitor Hypothesis）

"监控"是语言使用者用以对所表达的语言进行编辑的方式。语言习得系统，即潜意识语言知识，才是真正的语言能力。而语言学习系统，即有意识的语言知识，只是在第二语言运用时起监控或编辑作用。这种监控功能既可能在语言输出（说、写）前，也可能在其后，目的是检查语言输出的正确性。它能否发挥作用还得依赖于三个先决条件：

（1）时间充分，即语言使用者必须要有足够的时间才能有效地选择和运用语法规则；

（2）懂得语法规则，即语言使用者必须具有所学语言的语法概念及语言规则知识。

（3）关注语言形式，即语言使用者的注意力必须集中在所用语言的形式上，也就是说，必须考虑语言的正确性。

1.3.1.4 情感过滤假说（The Affective Filter Hypothesis）

这个假说认为第二语言习得的过程受许多情感因素的影响。它们对语言输入有着过滤作用，从而决定着学习者接收输入的多少。

Krashen认为影响习得语言的情感因素是：

（1）动力：学生的学习目的是否明确，直接影响学习效果的好坏。目的明确则动力大，进步快。反之，则收效甚微。

（2）性格：自信，性格外向，乐于置身于不熟悉的学习环境，自我感觉良好的学习者在学习中进步较快。

（3）情感状态：主要指焦虑和放松。焦虑感较强者，情感屏障高，获得的输入少。反之，则容易得到更多的输入。

因此，习得必须具备两个条件：一是含有"i+1"的可理解输入，二是低或弱的情感过滤作用，以便让输入转化为吸入。

1.3.1.5 自然顺序假说（The Natural Order Hypothesis）

这个假说认为，人们对语言结构知识的习得是按自然顺序进行的。Krashen认为，自然顺序假说并不要求人们按这种顺序来制定教学大纲。实际上，如果我们的目的是要习得某种语言能力的话，就有理由不按任何语法顺序来教学。

语言监控理论有如下意义：

（1）区分了习得与学习过程，这为探讨语言习得和第二语言学习的不同特点奠定了理论基础。

但不足之处是，二者绝不是彼此对立、互不相干的两个过程。Krashen却把两者截然分开，对两者的作用也分别界定。其实学得的知识和习得的知识之间存在着一定的转换关系。尤其是学得的知识在学习者熟悉到某种程度时，会转化为习得的知识。

（2）强调输入的可理解性，特别是强调应提供略高于学习者目前水平的语言输入，这对第二语言学习有指导意义。

但不足之处是，把语言输入视为语言习得的唯一途径，这肯定过于片面武断。语言是一种交际工具，语言习得的过程应该是一个语言输入与语言输出的双向过程。实际上，在语言的输出过程中，学习者可以得到他们所需要的各种语言习得的反馈。就这层意义而言，语言输出对语言习得具有积极的正面作用，而且是对语言输入的必要补充。

（3）情感过滤假说重视学习者情绪、动机等因素对第二语言学习的影响，这为进一步探讨影响第二语言学习的动力因素打下了基础。

总之，根本问题在于，Krashen的语言观是句法学的语言观，他说的语言输入实际上是语法规则的输入，他说的语言习得实际上是语法规则的习得。在所有论述中，Krashen 始终把语言与语法等同，这是不可取的。

对于英语教学的启示是：英语学习的重心不应聚焦在语法规则的学习，而应重视交际活动和语言的实际运用能力。

1.3.2 中介语理论（Interlanguage）

中介语理论指的是第二语言学习者在语言学习过程中建构的过渡性语言。1969 年美国语言学家 Selinker 在其论文《语言转换》(*Language Transfer*) 中首次使用 Interlanguage 的概念，1972 年在其著作《中介语》中提出中介语假说。中介语既可以指学习者语言发展的任何一个阶段的"静态"的语言系统，也可以指学习者从零起点到靠近目的语的"动态"语言发展轨迹，其理论基础是转换生成语法和认知心理学。

早期的研究认为它是介于母语和目的语之间的一种语言变体，兼有母语和目的语的特征。后期研究者 Ellis 认为在二语习得过程中，学习者建构了一个抽象的语言规则系统（中介语系统），作为理解与生成第二语言的基础。中介语可解释为学习者拥有一种内隐的第二语言的知识系统，随着时间的推移，学习者有规律地修正这个系统。

中介语理论有如下特点：

（1）中介语是一个独立的语言系统，既不同于母语也不同于目的语。

（2）系统性，是学习者创建的一个语言系统。

（3）中介语是一个不断变化的"动态"的语言系统。

（4）中介语产生的原因可归纳为五个方面（语言迁移、目的与规则过渡概括、训练造成的迁移、学习者的学习策略和交际策略），并且中介语并非都是错误的。

（5）中介语的偏误具有反复性，有规律重现，曲折发展。

（6）中介语的偏误具有顽固性，某一部分可能会停滞不前，"僵化""化石化"。

中介语理论对英语教学的启示是：

一是符合语言学习的一般性规律,即:外语学习过程是学习者利用自己有限的目的语知识不断地进行假设、验证,通过试验出错采取不同策略,不断地建构和创新自己的语言系统的过程。

二是把二语学习看作是一种心理过程,并且提供了一个理论框架来解释这种心理过程;同时,它又是语言知识的一种表征。

中介语理论的不足之处在于:它没有明确说明中介语系统是如何发展变化的,也没有说明中介语系统是怎样影响语言输出的。

1.3.3 Gass 二语习得理论（SLA Second Language Acquisition）

1997 年,Gass 从认知心理学的角度描绘了人脑认知机制习得语言的流程图。如下图:

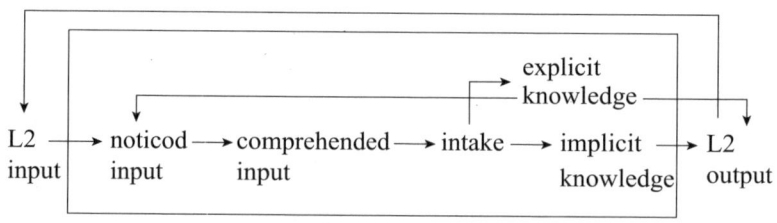

图 1-2 Gass 的人脑认知机制习得语言流程图

Gass 将语言输入分为被注意的语言输入和被理解的语言输入,把吸收的知识分为内隐知识和外显知识。语言习得流程是:

(1)语言输入可分为被注意的语言输入和被理解的语言输入,不是所有输入都能被注意到。

决定因素:频率、情感、已有知识及注意。

(2)不是所有被感知的输入都能被学习者理解。

影响因素:母语知识、目的语知识、语言共性及相关其他语言知识。

(3)"吸收"是将"输入"转化为"语法"的心智活动。

影响因素:"分析质量"(被理解的输入),L1 和 L2 知识以及语言共性。

(4)被学习者吸收的语言整合后,成为学习者隐性知识的一部分。"整合"是"吸收"的结果,如果经过处理后还未能融入中介语系统,则会以二语项目和规则明显的表征被储存起来,成为显性知识。显性知识可通过监控促进语言输出。

（5）由于可理解输出在假设检验中的重要作用，"输出"和"吸收"构成一个回路：由于"输出"对输入不仅进行纯语义分析而且进行句法分析，因此"输出"又与"被理解的输入"连接成回路。

Gass 认为：语码吸收了并不意味着学习者就能够在今后的活动中运用或是输出语码。她把语码吸收的表征形式分为两种，一是表征为学习者内在的中介语语法系统的形成，即整合的语码；二是表征为储存的知识，即非整合的语码。非整合的语码的存在主要归因于学习者对于相关信息的领会程度较浅，不能和已有知识达到成功的匹配，一旦学习者对相关的信息有了更深的体会，这些非整合的语码就会和新领会的吸收信息共同发生作用，最后重新整合信息。整合是吸收过程中的一个重要环节，整合的过程就是对语言输入内化的过程。有人将这一过程分解为"建构"和"重构"两个过程，建构是指制约建立目标语心理表征的复杂过程及中介语不断发展的过程；重构是指学习者放弃了原来的结构而暂时选择和建立一个新的知识结构的过程。他们认为学习者就是在这样建构、重构不断循环的过程中吸收新的语言知识的。不论是整合还是建构和重构，都表明吸收是一个不断更新的循环过程，学习者在习得过程中都有意识地对语码进行了深层的加工和解读，通过语言输入和输出之间的互动来加速吸收。

Gass 二语习得理论对英语教学的启示是：

（1）输入、吸收、输出三个环节环环相扣，组成有机整体，三者应全面兼顾，平衡发展。

（2）让学生有足够的语言输入，通过听觉和视觉大量感知语言材料，通过多听、多读来接触和理解语言材料的意义、形式结构和交际功能。（注意形式的多样化和趣味性，注意学习者的情感因素等）

（3）让学生将输入的语言材料和相关的知识在多种活动中反复操练、消化、加工，使之进入长期记忆系统，内化到学生已有知识结构之中，成为隐性知识。

（4）让学生将贮入的语言材料和知识重新组织，在新的交际情况下以口头或笔头方式表达出来，把握语言的交际功能，有效地交流信息，提高语言水平。

所以，二语习得中的输入、输出环节、吸收环节相互影响，密不可分，当学习者接触到可以理解的语言输入材料后，其中的一部分语言信息会引起大脑不同程度的注意。注意的程度受到学习者大脑内部推理因素及外部环境变化的双重影响，从而决定性地影响这些被不同程度注意的信息在大脑中被存储的程度。在这个过程中，学习者的大脑会对可理解性语言材料进行处理，产生一种不同于母语也不同于目的语的语中介语。这种中介语是大脑对信息加工后的结果，并以此为基础最后形成第二语言的表达，从而完成第二语言习得过程中的最后一个环节，即第二语言的输出。

1.3.4 语言迁移理论（Language Transfer）

迁移在心理学上是指旧知识、技能影响新知识学习的一种过程。Ausubel（1978）等指出，学习者已经知道的东西是影响学习的唯一因素，也是最重要的因素。任何学习都会受原有认知结构的影响，迁移是一切学习的一个基本条件。

语言迁移是指一种语言对另一种语言的学习所产生的影响。在第二语言学习中，学习者在使用第二语言时，借助母语的发音、词义、结构规则或习惯来表达思想。如果母语的语言规则和外语是一致的，那么母语的规则迁移会对目标语有积极的影响，这被称为正迁移。负迁移则是指，如果母语的语言规则不符合外语的习惯，会对外语学习产生消极影响。语言迁移可以用来解释历史上不同民族之间的语言接触和语言变迁。

语言迁移是一个认知心理过程，受诸多因素影响，在过去的很长一段时间里，一直是语言学和外语教学领域研究的热点。语言接触会导致语言互相融合。语言迁移包括母语对第二语言习得的影响和母语向第二语言的借用。Odlin（1989）称前者为"基础迁移"，称后者为"借用迁移"。借用迁移始于外语词汇进入母语，通过异族的文化、政治影响引起母语吸收外语词汇。当外语的词汇迁移强烈到一定程度的时候，将伴随外语语法进入母语。不过，借用迁移往往对母语语音和音韵的影响较弱。基础迁移却正好相反。基础迁移对外语发音和语法的影响强于对词汇的影响。母语的影响尚能残留在古代的语言习得中,语言习得中的发音和语法常常反映了早期的语言迁移。比如,爱尔兰英语的发音和语法反映出几世纪以前爱尔兰语和英语双语者的基础语。语言接触造成的影响分为语音/音韵层面和词汇层面。虽然语言迁移的研究对象是跨语言的相互影响,但它在多数时候都以母语对外语学习或第二语言习得的影响为研究对象。在这种情况下,语言迁移一般指的是母语迁移。

Fries.C 和 Lado 是语言迁移研究的先行者,他们大概从二十世纪四五十年代就开始研究语言迁移。Fries.C 曾说,学习第二语言中遇到的问题不是来源于新语言的特点,而是来源于第一语言的定势。Lado 认为,在第二语言习得过程中,与母语接近的地方较容易学习,与母语有区别的地方较难学习。通过对比分析跨语言的差异,人们就可以确定第二语言习得的困难。因此,对比分析研究变得非常流行。到了二十世纪六七十年代,实证研究开始兴起。实证研究发现,不能总是用对比分析的手段来确定第二语言习得的困难,因为第二语言习得的困难不总是源于跨语言差异。基于此,对比分析和语言迁移研究遭到了质疑。从二十世纪七十年代后期至八九十年代,随着实证研究不断发展,母语在第二语言习得中的作用重新受到重视。因为语言迁移既是一个语用问题,又是一个复杂的认知过程,所以语言迁移研究既注重对比分析,又注重语言迁移的语用环境、认知心理以及学习者的个体差异等诸多因素及其相互作用。

中国学生是先学习母语的,所以中国学生的英语学习会受母语学习经验的影响。只有通过语言迁移这个关键问题,才能科学地解释中国学生英语学习的认知心理过程。研究语言迁移有助于解释母语在外语学习过程中的作用和外语教学中应如何科学地运用母语等一系列外语教学的根本问题。有人认为,汉语与英语在语言、文化方面的巨大不同导致汉语母语的负迁移作用大于正迁移作用,所以应该在课堂上尽量不用母语,从而避免母语干扰,摆脱母语的影响,少犯或根本不犯语言错误,学到地道的外语。但是事实并非如此。

语言迁移理论对英语教学的启示是:语言是思维的载体,思维是语言的基础，儿童是在正常的思维能力的基础上学习母语的，儿童学习母语后，不可避免地会用母语思维。英语教学应该启发思维，促进正迁移，减少负迁移，科学合理地使用母语来促进英语教学。

1.3.5　图式理论（Schema Theory）

图式理论是认知心理学家用以解释理解心理过程的一种理论，最早是由德国哲学家、心理学家康德（Kant）于1781年提出的。他认为人的大脑中存在纯概念的东西，图式是连接概念和感知对象的纽带。1932年，人工智能学家 F. C. Bartlett 把图式定义为人们过去的经历在大脑中的动态组织，并将图式概念运用到记忆和知识结构的研究中，大大发展了图式理论。后来人工智能学家 D. E. Rumehart（1980）和 P. L. Carrel（1983）把该理论加以完善并将其运用到外语教学中，用它来解释外语学习和阅读理解的心理过程。二十世纪八十年代中期以后，由于人工智能科学对心理学研究的影响，J. Anderson（1985）等人把图式理论作为认知心理学的一部分进行了更为深入的研究，他们认为，图式是"信息在长期记忆中的储存方式之一，是围绕一个共同题目或主题组成的大型信息结构，它比命题网络的范围广。典型的图式结构是分层次的，信息子集包括于更大、范围更广的概念之中"。

在现代图式理论体系中，图式指的是在人的头脑中存在的结构性知识或知识单元，是事物和语言的中介，是一种代表人对世界理解和认识的心理结构网络。换句话说，它并不代表客观存在的某一具体事物和事件，而是从许多个体中归纳出来的带有共性和普遍意义的模式。如谈到"手机"图式，人们想到的不仅是一部具体的手机的形状，还会把它的传播信息、拍照、播放音乐、储存文件等功能联系起来，手机已经作为一个知识结构综合体系进入了人的认知理念中了。

图式作为储存在人的记忆里的知识结构，这个结构有不同的等级，较为抽象的知识处于较高层次，而比较具体的知识位于下层。当下层图式被具体化时，高一级的图式便被激活。根据图式理论，阅读理解就是读者头脑中的知识结构体系与文本材料提供的信息交互作用的过程。当读者将记忆中的图式（如背景知识或抽象知识框架）与文本材料信息联系起来并使之相匹配时，就能理解语言材料的内容。在这一过程中，文本的语言文字信息激活读者记忆中的图式，从而达到了成功阅读的效果；反之，则是读者记忆中的知识框架不能与文本信息交互感应，即读者头脑中的预存知识、过去经验不能对文本信息进行预测、验证、解码、提取、记忆或文本信息不能激活、补偿记忆中的知识结构、经验组织，就会导致理解受阻或差异阅读。

图式阅读理论认为，学习者的阅读能力由三种图式决定：语言图式、内容图式和形式图式。这几种图式与文章的语言、内容和表现形式共同协调、交互作用，最终实现对语篇的理解。

1.3.6 多模态理论（Multi-modality）

多模态理论开始于二十世纪九十年代，当时并未被很多人接受。但随着时间的推移，目前已经发展成为一个非常热门的话题。该理论形成的标志性成果是 Kress 和 Van Leeuwen 的专著《阅读图像——视觉设计语法》(*Reading Images: the Grammar of Visual Design*, 1996）。多模态理论发展的原因主要有三个：一是语篇分析理论的发展，二是现代科技促进了教育技术的发展，三是现代交际手段的发展。

首先，语篇分析理论的发展。自二十世纪九十年代，语篇分析理论的关注点开始从语篇内部研究转向了外部。从 Flower 等主编的 *Language and Control*（Flower et al., 1979）开始，到以 Halliday 提出的"体裁结构潜势"理论为标志的以体裁研究为特点的语篇分析理论发展起来，再到以 Miller(1984)、Swale（1990）、Bazerman（1981）、Freedman（1994）等人为代表的学者受现代交际手段发展的影响，把交际事件本身作为研究对象，研究的范围不断向语言之外延伸。人们逐渐看到，语篇的意义并非完全由语言本身决定，而是同时由多种非语言形式和模态来体现，如手势、表情、声音、语境中的事物、说话者与听话者的关系和共知的事物等。而随着新科技的发展，新媒体、新技术不断出现，多模态话语形式逐渐增多，多模态话语分析理论也就蓬勃发展起来了。

其次，现代科技的发展。现代科技的发展给多模态理论的发展提供了外部条件和技术支持，各种新媒体技术被推出，并融入人们的生活，特别是被带进课堂。历史上几千年，书面语是占统治地位的语言形式，纸质印刷品占绝对主导地位，而现在计算机、多媒体展示台、iPad、手机等的出现，并被利用在课堂上或其他教学活动中，颠覆了纸质媒体的主导地位，多模态话语形式精彩纷呈，促进了多模态理论的发展。

最后，现代交际手段的发展。现代科技的发展带来了信息技术的重要变革，信息交际手段也就随着改变。这些新式信息交际手段改变了信息的传播方式、传播渠道和传播速度，也改变了人们的日常交际形式。信息获取方式从读书、读报到看电视，看手机信息，看微信朋友圈，看微博，看Twitter、Skype和Facebook等，从传统的直接面对面的口语交际，到可以随时打电话，发微信，发QQ文件，发语音信息，视频通话等，所有这些交际方式都是多模态的。文本也不仅仅是纸质的，而更多的是电子的，通过键盘输入，通过网络输送，更方便快捷，也可以有更多受众。教师在课堂上也改变了传统的粉笔加黑板加口语讲授的一贯形式，而大都通过PPT来展示更多的文本信息，并包括视频、图形、音频、动画音乐等多模态形式进行教学。

语言符号仅仅是一种模态形式。多模态语言一般包括双/多语者进行意义建构的任何符号资源（如文字、图像、颜色、版式、音乐、动漫图，甚至包括发型、化妆等可以传达意义的语言和非语言形式，以及不同符号在多模态话语中的互补性以及协同性）（Kress，2009；Kress & van Leeuwen，2001）。出于不同目的，人们说话时的手势、身体姿势、面部表情、语气、口吻、语调等都是非常基本的表达意义的模态（Royce，2002；顾曰国，2007；张德禄，2009）。说同样的话，用不同的语气、语调就会有不同的解读（张德禄，2009；2018）。人们往往混合多个模态感官系统（视觉、听觉、触觉、嗅觉和味觉）来传达意义（顾曰国，2007；张德禄，2018）。而这些多模态行为都超越了语言结构、语言系统间的界限来进行信息转换和信息传送，这又与下一小节将要讨论的语言穿梭理论产生关联。

本书第三章对多模态理论会有更多专门论述，在此就不做过多讨论。

1.3.7 语言穿梭/超语理论（Translanguaging）

translanguaging 一词是指交际参与者综合运用多种语言和模态的表意资源展开交际活动的实践活动，也是用于探索语言使用、双语现象和双语教育的研究方法（Ofelia García & Li Wei，2014）。多年来，国内学界对 translanguaging 一词的翻译并不统一，出现了不下 10 种的翻译。主要有"跨语言"（高一虹，2015），"超语言技能"（袁妮娅、周恩，2015），"超语"（李玉霞，2016），"语言转换"（梁斯华，2016），"语言超越理论"（徐大明，2016），跨语言迁移（秦文娟，2019），"跨言用"（韩艳梅，2020），"超语行动"（郑丽钦，2020），"超语实践"（宋旸 & Lin，2021），等等。但笔者认为，这些翻译并没有把"trans"所传递的双语者在语言之间自由穿梭的精髓表达出来，也没有把"languaging"（使用语言）的动态性表现出来，而"语言穿梭"一词可以从语音和语义两个方面更加传神地把"trans"翻译出来，同时又兼顾了"languaging"的动态性。因此，本文采用"语言穿梭"的翻译。

由于翻译上的不统一，在知网搜索诸如"超语""跨语言""语言转换"，"超语言技能""语言超越理论"等，都有数量不等的文献。其中"超语"44 篇，"语言超越理论"13 篇，"超语言技能"3 篇，而"语言转换"3173 篇和"跨语言"7454 篇，但文献较多的这两项搜索到的并非 translanguaging 本身，而是 language-switch（或 Language shift）和 cross-language，而且大都是在外文期刊上发表的，国内期刊对其的研究相当有限。即使直接搜索 translanguaging，也只有 695 篇，而且也是大部分来自外文期刊，国内学者的文献非常少。总之，国内学界对 translanguaging 的研究普遍较少。

语言穿梭这一概念最早是 Cen William 在进行英国威尔士地区英语教学过程中的师生双语互动研究时提出来的（Lewis，Jones & Baker 2012），后来被 Baker（2001）翻译为"translanguaging"。自此，语言穿梭的内涵不断得以扩展，并迅速进入到全球范围不同语境的双/多语现象的研究与实践当中。前缀"穿梭"（trans-）主要包含两层含义：一是超越单一命名语言的人为界限，强调不同语言及语言变体、文类和风格在社会活动中的模糊边界和动态互渗关系；二是因为语言实践的动态综合特征，读写素养本身也具有多元性和情境性。Baker（2001）对语言穿梭的优势做了简明扼要的概括，至少体现在三个方面：一是学习者通过使用语言穿梭能最大化理解所学内容；二是有利于发展弱势语言技能；三是有利于加强家校合作。开始的时候，语言穿梭概念形成的基础主要是双语者在课堂内动态地构建语言实践，后来经过二十多年的发展，语言穿梭实践已从双语和多语教学中的语言现象，逐步发展为具有特定本体论（Ontology）和认识论（Epistemology）基础的语言研究理论，并被应用于认知语言学、教育语言学和社会语言学等多个研究领域（Li Wei，2018）。《21世纪双语教育——全球性视角》(García，2009）和《双语教育和双语论基础》(Baker，2001）等著作奠定了该领域的研究基础。近年来，语言穿梭理论不断被应用于二语习得（Second language acquisition）、读写素养（Literacy）和TESOL等领域内，并取得了不少的成果。

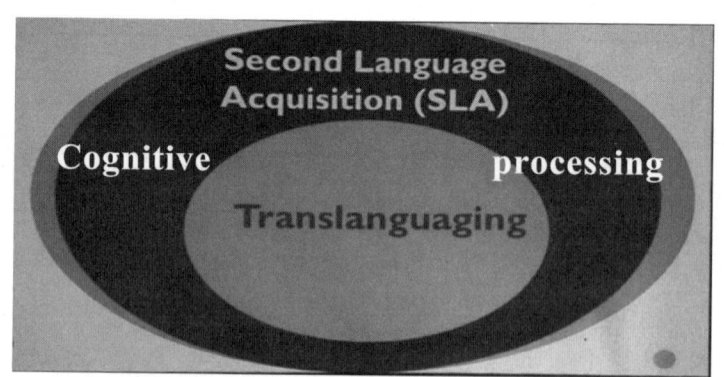

图1-3 语言穿梭理论的应用范围

脑科学的最新研究显示，双/多语者大脑中仅存在着一个整体语库（Only one linguistic repertoire），双/多语者使用语言时，整体语库就开始统一协调、选择、激活和调配各种语言资源，用于不同的目的和不同的背景（Kroll & De Groot，2009）。作为他们沟通能力的一部分，双/多语者知道自己是在对谁说话，以及是在什么时候说这种话（Joshua Fishman 1965，2007）。语言穿梭意味着两方面：其一是语言超越了单一语言的界限，并启用存在大脑中的整体语库，而不是一次只使用单一语言；其二也意味着，语言超越了语言与其他意义构建和思维资源之间的界限。我们在说话和写作时显性地使用语言穿梭，而它也隐性地存在于我们的思维中。下面几个例子可以说明，双/多语者在进行写作或记录的时候自觉地使用语言穿梭进行思维和记录。

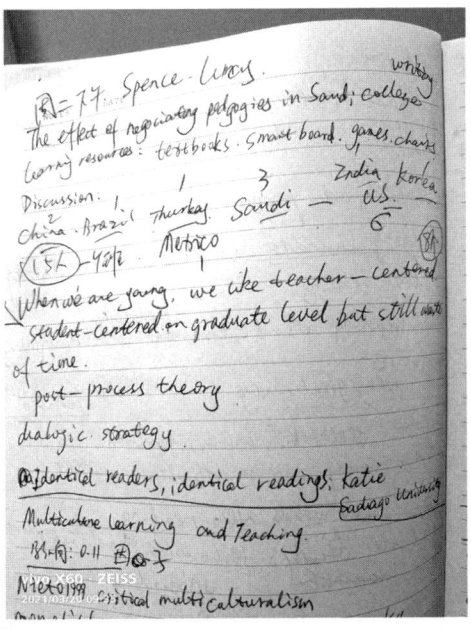

图 1-4 作者访学时的课堂笔记

这几幅图片都是作者在美国威斯康辛大学和美国南卡罗来纳大学访学时的课堂笔记。作为双语者，在记笔记的时候，作者会同时使用英汉两种语言进行思考和记录，英汉两种语言在作者大脑中可以随意切换、自由穿梭，方便取用，没有障碍和界限，而且两种语言可以交织和互补，共同完成意义建构。

而对于双/多语者来说，书面语是这样，口语也同样存在一个语言穿梭的过程。

比如作者在美国访学时接触到的在美华人双语者在说话时，很容易就语言穿梭了。他们说话的普遍特点是中英混杂，自由转换。如：

"我今天不能过来了，因为我家的 Babysitter 有事，我要在家看孩子。"

"我太忙了，在写一个 Research proposal，根本没时间和你去逛街。"

"我家孩子的牙坏了，要去治牙，请问群内大神，咱们的 SHIP 保险给不给 cover 孩子的这部分治疗费？"

"我们学区已经通知暑期继续开班了，in person 的。这一年不知有多少孩子糊里糊涂，啥也没学"等等。

在英汉双语中，有些词的表达会比在目标语中更方便、准确和快捷，如：babysitter, research proposal, cover, in person 等词，因此在口语或在书面语中就会直接拿来用而不必费劲去翻译过来，说话者可以在英汉双语之间自由穿梭和切换。

语言穿梭理论的两个重要概念是创造力和批判力。这与英语学科核心素养的教学目标是一致的。英语课堂如何做到训练思维、培养创造力、体现核心素养的理念呢？语言穿梭的过程就是融合了语言训练和思维提升的过程，语言穿梭实际上是一种跨语言迁移，它可以把学生的背景知识从第一语言迁移到第二语言。哈佛大学语言教育家 Catherine Snow 教授就曾提出，在交流和学习语言的过程中，重点应该放在如何把自己的观点清晰地表达出来，而不是使用了何种语言或者用了多少高级词汇和复杂语句等。语言学习的主要目的是生成有价值的观点、传递有用的信息、表达思想和情感，而不应该是为说英语而说英语（English for English's sake）。

比如，目前高中生的写作训练很多时候还在写 My hometown 或者 My hobby 之类比较浅显的话题。这样，学生永远只是使用很简单的语言去写很浅显的话题。教师的教学重点也都放在了语法、句法和单词上了，体现不出思维能力的训练和提升。一旦让学生写一些复杂点的话题，像 Climate change, Movie/Book review 等，学生就会无所适从，写不出来了。为什么？因为思维跟不上，词汇又缺乏。而如果教师允许学生先用母语去讨论这些比较深层次和比较技术性的概念和问题，形成一个个 ideas，然后再和教师一起去讨论和学习怎样用英语去表达，或者通过阅读相关题材的文章学习别人怎么表达此类话题和观点，学生的英语表达内容就会言之有物，有深度得多了。在这个过程中，英汉双语的思维认知同时开展，互相促进，共同推动观念的形成和表达。只要教师处理得当，英汉双语是可以"捆绑交织，共生共进"的，这也是研究语言穿梭的意义所在。

此外，语言穿梭理论又与多模态理论（Multi-modality）相关联。双/多语者在学习和使用语言作为日常交流时，还同时使用其他符号资源（传统上称为"非语言"），如手势、动作、情感、注意力和记忆。语言穿梭把语言重新定义为多语言、多符号、多感知、多模态资源的集合。而这种跨越语言结构和语言系统且具有不同模态（说、写、标记、符号、听、读、记忆等）的特征，就体现了多模态理论在英语课堂教学中的应用。多模态理论在本书第三章有专门论述，在此就不再赘述。

语言穿梭理论对英语教育教学的启示是：

第一，由于语言穿梭理论所体现的变革性及其从起源就具有的教育教学特征，其教育教学意义近年来就不断上升。Baker（2001）将语言穿梭教学定义为"通过使用两种语言进行意义构建、经验构建、获得理解和知识的过程"。语言穿梭教学强调学生利用他们所能利用的所有语言资源最大限度地发挥他们的学习能力和理解潜力。换句话说，所有语言都可以"通过动态和功能集成的方式得以使用，并以组织和调解的方式得以理解和掌握学习"（Lewis et al., 2012）。通过这种教学，学生的多种交流资源和能力可以得到最大限度的认可和重视，学生的主观能动性才得以充分发挥，他们才能积极参与使用、创建、解释并发展这些整体语库中的多符号资源（Hornberger & Link，2012）。

第二，我国传统的英语课堂是被人们理解为"全英课堂"(English only)的，也就是说只有使用英语才是正当"合法"的，而使用汉语则被视为违背语言教学规律，是不被接受的，师生都应当极力避免。而语言穿梭理论却给了我们一个全新的思路和理论支撑。英语课堂是一个高度复杂的多模态环境，当教师要求学生看黑板或白板、看视频或听 TED 演讲、阅读某本书或某篇文章，谈论一个主题或就某话题进行书面表达时，教师是在要求学生进入到一个复杂的语言穿梭的过程。所以，我们应该正视这个过程，正确看待和使用语言穿梭实践，而不是遮遮掩掩地或者是怀着内疚感地使用语言穿梭进行教学。这是我们英语教学中需要正视的。

1.4 英语教育与其他相关学科

跨学科是英语教育鲜明的特点之一。英语教育要以相关学科为基础，如哲学、语言学、心理学、社会学、社会语言学、心理语言学、社会心理学、外语教育心理学、人类学等。英语教育还具有边缘性，主要体现在英语学科与教育科学的合理结合上。

下面我们着重从与英语教育密切相关的几门学科的角度来探讨它们与英语教育的关系。

1.4.1 语言学（应用语言学）

Corder 说："没有语言学提供给我们的关于语言的知识做参考，语言教学就不会有系统性的提高。"应用语言学始建于二十世纪的四十年代。1946 年，美国密歇根大学建立了英语学院。在 C. Fries 和 R. Lado 等人的领导下，学院主要研究如何教外国人学英语的问题，并出版了第一本以应用语言学命名的杂志——《应用语言学杂志》。第二次世界大战期间，美国需要大批随军翻译，但当时翻译人才缺乏。于是，在各大学的协助下，美国制定了一个"军队特别培训项目"来迅速培养各语种的翻译人才，著名语言学家 Bloomfield 等人参与了这一项目的设计。这一项目也促进了应用语言学的发展，1958 年，英国爱丁堡大学研究生部率先建立了应用语言学学院，接着，其他一些大学也相继建立了类似的专业，1959 年，在语言学家 C. Ferguson 的领导下，美国华盛顿成立了应用语言学中心，下设本族语言英语教学部。

1964 年，在法国南锡召开了第一届应用语言学会议，并成立了"国际应用语言学协会"，约有 25 个国际应用语言学组织参加，除最初几次外，以后都是每隔 3 年召开一次大会，参加者都在千人以上。1964 年，英国还出版了 Halliday 等人编写的第一本应用语言学教科书——《语言科学与语言教学》。从此，有关应用语言学的专著、丛书、教材、刊物等不断涌现。欧美各大学纷纷开设了应用语言学课程和专业，并开始培养应用语言学的硕士、博士研究生。从此，应用语言学这门学科获得了完全独立的地位。

应用语言学具有如下特征：

第一，应用语言学是一门独立的学科。

应用语言学有自己的研究对象——语言教学。应用语言学产生于实际需要，在语言教学的发展过程中产生的许多课题需要它回答。应用语言学在利用理论语言学、心理学语言学、社会语言学、教育学等学科的成果解决本身问题的基础上形成了自己的理论、方法体系。

第二，应用语言学是一门应用性的学科。

如上所述，应用语言学着眼于实际应用，而不是理论研究。不过这并不意味着应用语言学完全不涉及理论。应用语言学包括三部分：语言理论，语言描写，语言教学。前两部分是第三部分的基础语言理论。基础语言理论的作用就是给教师提供关于一般语言系统的结构和功能运用的知识。语言描写的作用是使教师了解其所教的语言的结构，获得语言的洞察力。

第三，应用语言学是一门带有实验性的学科。

应用语言学主要是通过实验性的研究建立关于语言教学的理论和原则。同其他自然科学一样，应用语言学研究同样采用实验的方法。实验的方法有两种：一种是自然观察。对语言现象、语言发展、语言错误及群体态度和意见的调查研究大都运用这种方法。另一种是科学实验。在通过观察发现科学课题的基础上，提出科学假设，然后通过有控制的观察来检验假设，得出结论。比如，外语学习成绩的好坏与许多因素有关，内部的因素包括学习的目的、兴趣、智力、年龄和学习方法等，外部的因素包括教材、课时、教师等。

语言学是对语言的最系统研究。我们研究语言学与语言教学的关系，最明显的原因就是，二者以不同的方式和语言相关。语言教学理论无视语言学对语言的研究是毫无道理的。不过近年来似乎出现了这样的问题：语言教学理论受到语言学近期发展的巨大影响，甚至产生无所适从的迷惘。这就需要澄清语言学在语言教学中的作用。下面我们将探讨语言学研究成果及其与语言教学的关系。

那么应用语言学对语言教学的研究具体有哪些成果呢？

应用语言学将语言教学分为第一语言教学和第二语言教学，第一语言也称母语，在一般情况下即一个人所属民族的语言，所以又称本族语。第二语言，即非母语，又称非本族语，包括多民族国家的民族语和外语。儿童六七岁入学之前，已经习得本民族的口头语言，能进行比较流利的口头表达，与此同时，他们还习得了第一语言所负载的本族语的某些风俗习惯、文化特点。由于书面材料里包含着众多的本族语的文学、文化内容，而这些正是要真正掌握一种语言所必需的。因此，第一语言的教学也就成为语文教学。

第二语言教学，主要是外语教学，它同第一语言的教学有很大不同。首先，外语教学一般是在已经掌握了第一语言之后进行的，这时学习者已有的母语习惯会干扰他们的学习。其次，外语教学多是在母语环境中进行。最后，外语教学多是从学习者对所学外语及其相关文化一无所知时开始的。

外语教学思想从 70 年代以来发生了很多变化，涌现了众多语言学习观和教学观不同的流派。总体来看，传统教学法把语言作为知识来传授，并不能很好地培养学生灵活运用语言进行交际的能力。一些学生在课堂上进行语言操练时，可以把句型练得滚瓜烂熟，但到了实际生活中却不能灵活运用。显然，学习语言不是简单地传授知识或培养习惯的过程。在接触一门新的语言的初期，学习者必须克服新的语言系统带来的障碍，习惯各种规则的制约，并逐步建立一个新的指称系统和意义系统，进而建立这种语言的语感，最后才能具备根据表达需要自如地运用语言的能力。这是一个异常复杂的内化过程，即将目标语的语法和语用规则内在化，使之成为自身大脑机制的一部分。因此，今天人们除了继续关注教学大纲、教材和教学法外，更主要的是把精力放在对外语学习过程和外语学习模式的探讨上。

有关第二语言学习理论认为，外语学习者在外语学习过程中会逐渐在头脑中建立一种介于母语与目标语之间的"中介语"。这样，掌握外语的过程就是中介语向目标语逐渐靠拢的过程。Spolsky曾将语言学和语言教学之间的关系描述为具有双重作用——应用与启迪作用，即语言学可对语言的描述加以应用，为编写语法、教科书及词典提供数据，而语言学中对语言本质的探讨对语言教学会产生启迪作用。

1.4.2 心理学和心理语言学

什么是心理语言学？

心理学是研究人的心理现象的科学，而人的心理现象的产生是以人脑为物质外壳，以思维为本质内容的。语言学的研究对象是人类的语言，而语言是人类思维的载体，因而要研究思维必先搞清语言的产生及其运用过程。这样，心理学与语言学在其研究过程中产生交叉，形成了心理语言学（Psycholinguistics），成为一门语言运用和人的心理活动之间关系的学科。同社会语言学不同，心理语言学着重研究的是语言和个人的关系，是从言语过程的角度来研究语言。因此，我们视心理语言学为外语教育的一门主要相关学科。

心理语言学最早出现在Carroll（1953）所著的《语言研究》一书中，交替使用了"心理语言学"和"语言心理学"这两个词，并且认为要进一步研究言语行为就必须考察交际行为中的应用结构，现代语言科学和心理学有可能结合起来研究各种学习和使用语言的心理现象。为了研究这种结合的可能性，美国学者于1952年成立了语言学和心理学委员会，并召开了一次学术研讨会，1954年汇编成集《心理语言学：理论和研究问题之概观》。从此，"心理语言学"一词就被广泛应用。不过它真正得以蓬勃发展是在50年代末期，特别是在乔姆斯基的转换生成语法问世以后。

心理语言学的研究对象和内容是什么？

心理语言学作为一种新兴的交叉学科，主要是依据心理学，尤其是认知心理学和语言学的基本原理，采用心理学的一些实验方法，对语言和人的心理活动之间的关系进行研究,从而提出人们学习语言和使用语言的心理过程。下列三个问题是大多数心理语言学家所关注的课题。

第一,描写人所具有的语言知识。人的语言知识指的是一个人使用自己的语言的能力,它和人的言语行为是有区别的,人们通常用语言(Language)和言语(Speech)来对它们加以区别。言语是人们说出来的具体的话,人们可以听得见,而语言则指的是一个系统,是一套抽象的使用规则。两者的关系非常密切,人脑中如果没有语言这样一套规则,就无从说话。因此,心理语言学的一个首要任务是要通过观察人的言语行为来了解人们究竟需要什么样的语言知识。

第二,人的语言知识是如何获得的?人是怎样习得语言的?行为主义心理学认为,儿童学习语言的过程是一个不断的"刺激—反应"的过程,他们的语言知识是经过后天的学习和实践才得到的。而乔姆斯基派的认知心理学则认为语言能力是天生的,主张先天说,认为人脑中具有一套"语言习得机制"(简称 LAD),并曾试图通过观察儿童学话的过程来加以说明。例如,以英语为母语的儿童开始使用问句时可能会说:"Why he is mad?"他们知道把疑问词放在句首,但不知道变动词序,以后才慢慢懂得把 he 和 is 调换位置。这些认知心理学家认为儿童在语言习得过程中的每个阶段都有自己的语言规则,而不仅仅是简单地模仿大人说话。他们还能从接触到的语言素材中总结出系统的规则。

事实上,各种研究和实验表明,对于人的习得语言来说,先天的本能和后天的学习缺一不可。每一个正常人从一出生就具备了习得一种语言的先天条件,具备一种适用于任何人类语言规则的普遍语法(Universal grammar)。但是,光有这些而无后天教育学习的条件和环境也不可能学会语言。

第三,人是怎样运用语言的?人们运用语言进行交际的行为,也就是我们常说的听、说、读、写四个方面,概括起来包括两种过程,即言语理解过程和言语表达过程。

言语理解是一个积极主动又极具复杂的过程。一般认为它包括三个具体的操作过程:语音听辨、词汇句法处理和理解话语。

从表面上看,语音听辨似乎很简单,人们是从最小的语音单位——音位开始，逐步听辨出语素、词、短语和句子。实际上并非如此。在实际过程中，受话人听到的是一连串的言语流，他不可能从声音本身把这言语流逐个地切分再组合。他不是从一个音一个音地听辨开始。人们的大脑中已经有一部"词典"，在这部词典里，每个词的语言形式、词义和句法特征紧密地结合在一起。当他听到语音时，首先便从"词典"里检索出它所代表的意义。根据 E. Foulke 的研究，这种词汇检索是个相当快的过程，人们可以每分钟听辨 250 个英语单词。其次，要根据检索出来的词，建立起句子结构。很多心理学家认为，句子结构可以切分成成分，意义结构可以切分成命题，句子理解的过程就是根据表层的成分去建立深层的命题。可见，从听辨语音开始到寻找句子底层的意义是个非常复杂的过程。

在外语教学中，心理语言学带给我们的启示主要有：

第一，语言学习环境对语言的最终掌握起着决定性的作用，因而在外语教学中尽可能创设语言情境，运用目的语进行课堂教学，并引导学生运用目的语进行交际和听、说、读、写的全面训练，并适当适时地进行语法规则的系统讲授。

第二，言语的理解过程启示我们在教授语言直接的字面意义的同时，注意讲解非语言方面的知识（情景知识、生活常识）。语言的表达和理解，不是遵循一组一成不变的心理操作过程。使用语言时，人们不是仅仅在大脑中进行可以预示的几个转换。使用结构操练来教英语不能使学习者自然地运用语言，虽然这种操作练习有利于初步练习使用某些重要结构，但是这种操练不足以使学生能在实际生活中运用语言。教师在判断所教内容难易程度时，应该考虑主题和内容的难易以及思想表达的直接程度。

第三，言语的生成过程提示我们在教学过程中重视系统语法知识的讲授，因为要理解别人说的话，学生必须明确语法规则，了解基本句子构造和常用组成成分，以及这些成分中最普通的要素。比如填空练习，即使没听到某一组成分，也能利用句法框架构建出句子意义来。教授生词时应特别讲清该词的前后能够或者不能够出现什么语法项目。随时提醒学生做积极的听话人，即利用一切句法信息去预测下一部分是什么，增加听力的准确性。

第四，由于讲话是边想边说的，因而初学口语时会出现错误，教师应考虑到这一点，不去强迫学生必须说出完全正确的句子，而应尽量鼓励学生用外语去实现自己的交际目的，不用担心自己的话语是否准确无误。当然，这并不是说教师可以完全不管一切错误的出现。当有些错误影响理解和交际时，教师应在活动后的总结中指出，并让学生更多地练习使用正确形式。同时，教师要努力创造一种鼓励性的、合作性的课堂气氛，以便使学生都乐于"冒险"展现自己的口语能力。

1.4.3 教育学

教育学应该说是与语言教育学最接近的一门学科，然而它却往往被忽略。语言教育最广泛的形式是出现在教育环境中（中小学、大学、学院等等）。每一位语言教师在执教过程中都不可避免地会有这样的思考：教育会影响学生哪些方面？语言教育是如何融入教育事业中的……然而有关语言教学和教育研究之间的关系的思考和研究却少得惊人。既然教育研究是以教学实践为其最终目标的，那么它就同语言学、社会学、心理学一样对语言教学法具有重要意义。作为语言教学的基础理论，教育学自身可细分为：教育哲学、教育史、教育心理学、教育社会学、教育经济学、教育行政管理学、比较教育学、课程与教学、教育技术。

这里我们着重从教育心理学的角度来探讨教育学对语言教学的启示。

教育心理学从两个方面解释学习：学习的理论和实验研究；具体学习问题的应用调查。学习心理学的研究可从以下几个方面着手：学习者特征、学习者差异；学习种类；学习过程；学习的结果。

在学习者的特征中，可研究的因素有：年龄和成熟程度在智力发展和学习方面的影响；遗传和环境对于能力和成就的影响；特殊学习任务的特别才能，例如音乐才能、手工灵巧度，当然，还有语言学习才能；家庭和社区对学习者完成学习任务和坚持学习的动机和看法的影响。

在语言教学中，最佳语言学习年龄是最有争议的问题之一。它对教育体系中语言学习的整个组织都有一定影响。总体智力水平和特殊性语言学的相对重要性也是一个很有争议的问题。在过去 30 年中，有学者曾做过一些尝试，例如 Carroll 和 Pimsleur 试图将语言才能所包含的各种因素分离出来，并把它们与学习者其他的特点联系起来，语言学习中出于追求成功的动机和目标对于学习成效的影响是被广为认可的。

学习的内容常被分为三个主要心理类别，第一，概念和语言学习，包括信息、知识、观念、概念和思想体系；第二，技巧学习，指实用技能学习，例如，习得新的动作技能（如打网球、绘画、弹奏乐器等）、习惯养成（如问候、请假、刮胡须、使用某些用具）、掌握生活上常用的一些技巧（如学习如何解决问题）；第三，感情的和社会的学习，指感情行为和表达，兴趣、社会观念和价值的习得。这三种分类一直被用于定义教育目标。在任何具体的社会行为中，尤其在完成复杂的学习任务和学习学校的课程中，这三种分类——认知、技巧和情感可能通过不同程度反映出来。

这三种类别也可应用于语言学习，例如，教发音时，教师通常注意的是使学生学会怎样正确地发出所教的音素。换句话说，教师教的是发音技巧的一部分，很少去注意该音的发声描述的概念性的理解。可是，如果告诉学生新学语言中的一个音是如何不同于母语中的相似发音的，并且介绍一种音位解释，学习任务就会变得更具概念性。一种技巧常常要求概念性知识，而在概念性学习中，需具备一定的分析性技巧。

此外，情感因素也存在于第二语言习得中，学生接受语言学习时是带着某种情感的，实际学习过程伴随着情感反应，而全部学习经历也会导致对所学语言的特征、对所学的英语、对说那门语言的人产生好恶。

对如何学习即学习过程的理解有多方面的研究。其中一个问题是学习的时间范围，即在幼儿学习和成人学习之间具有发展阶段上的区别。与此相关的是第一语言习得和第二语言习得的区别，前者是幼年的学习，后者是成年的再学习，或对已学知识的补充。对练习条件也应该有所研究，包括什么程度的练习对学习有帮助，需要多少练习，应该如何安排组织，什么样的练习最有效。学习的一个重要方面是将所学到的知识应用或转移到实践生活中（Cronbach and Snow，1977）。

评估学习成效带来学绩测试和学能测试的发展。教育心理学中的心理测量、评估技巧与语言学习的评估有不可分割的联系，教育心理学在二十年代的早期发展中就已认识到心理测量学在语言测试中的应用性。从那时起，心理学这一分支学科的直接影响一直存在，直到六十年代语言测试中的欠缺才使人们感觉到语言测试与评估不仅需要心理测量学，而且需要语言学。

1.4.4 社会学

社会学与语言教育的交叉点是在对社会人类文化的研究上。语言除了是一个包括语音、词汇、句法等内容的结构系统外，还是一种社会现象。因此，语言研究除了从结构方面去研究，也可以从社会角度去研究，即从社会语言学的角度研究语言，进而对语言教育提供启示。

关于古语与今语、书面语与口语、标准语与方言在社会功能上的判别是中外语言学家都曾探讨过的问题。古希腊人和罗马人研究语言主要是研究其功能，如他们把文体分成平淡的、有力的、高雅的和华丽的四种。十九世纪末到二十世纪初，Franze Boas、Bronislaw Malinowski 和 Claude Levi-Strauss 分别对一些民族、部落等进行过长达若干年的调查。他们把这些民族的风俗、文化、神话和语言放在一起研究，对语言的功能、习俗及语言的使用场合等进行了有益的探索。可以说这是早期的社会语言学的研究成果。同一时期，索绪尔也认为语言是一种社会现象，因而提出了"语言"和"言语"的区别。到了六十年代，人们越来越明确地认识到，像美国结构主义语言学派乃至转换生成学派那样进行"纯"语言研究是不够的，不能体现语言是社会交际工具这一特点，应该把语言放在社会之中加以研究。

社会对语言有很大影响。语言产生于社会，并且随社会的发展、分化、消亡而发展、分化、消亡。社会差异导致了地域方言和社会方言的产生。此外，人们还可以有意识地影响、干预语言，比如对语言进行规范。反过来，语言对社会也有影响。语言是民族的凝聚力，对社会文化有很大影响。因此，概括地说，社会语言学的研究对象就是语言的社会本质和语言在不同社会条件下所产生的变异。

社会语言学通常把大多数人的语体分为五种：礼仪的（或刻板的）、正式的、非正式的、随便的、亲切的。例如，同样是宣布开始用餐，五种不同的语体采用的表达方式各有不同。礼仪的是："宴会开始，请入席！"正式的是："请用餐！"非正式的是："我们吃饭吧！"随便的是："来吃饭！"亲切的是："饭好啦！"或"吃饭喽！"使用哪种语体主要看场合，多数人都能自如地选择、运用不同语体。社会方言也很重要，因为它能够反映出社会构成上的差别。

和运用语体不同，人们一般不能用同样流利的程度说两种不同的方言。美国著名社会语言学家 Labov 说过："我们还没有见过一个人标准话说得很好，同时又保留一口地道的非标准土话。"具有社会意义的语言变体涉及语言的各个方面——语音、语法、词汇和话语结构。使用某个变体可以出于有意的或无意的选择。在语音方面，最著名的调查是由 Labov 完成的。他用一个包含 fourth 这个词的句子作为调查手段，精心调查了纽约市高、中、低档百货公司里的职员的语音。

社会语言学的研究成果对于外语教育的启示是多方面的：

由于五种语体的存在，外语学习者不可能也没有必要掌握所有语体。但是，教师在授课中会遇到语体问题，教师有必要向学生解释不同语体的作用，这样也有助于学生对不同民族、社会阶层的不同社会文化、社会习俗的准确理解。同时，在语言讲授中使学生掌握在不同情境中使用恰当的表达方式，学会对领导和长辈、对同事、对朋友、对家人恰当地表情达意，达到令人满意的交际效果。教师还要提醒学生注意讲话人的语音、语法、用词特点，这有助于对讲话人的社会地位、职业、家庭背景、受教育状况等的了解，从而有助于理解语言，增加语言理解中的深层次知识。

第 2 章

英语教育教学概述

2.1 英语教育教学的基本内涵

2.1.1 英语教育教学的含义

英语教育是一个庞大的系统工程。英语教育是一个跨学科的研究领域，是一门涉及众多因素的应用性边缘学科，它研究学科的教育功能、规律、原理和方法。

从"英语教育"的名称来看，它不同于单纯的"教材教法"。教材教法、教学法研究，范围较窄，理论基础不够雄厚，英语教育是它们的扩展与补充。名称的更换，也意味着：从更宏观的角度研究英语教学，不仅研究教什么和如何教的问题，而且研究为什么教这些、为什么这样教的问题，更全面地研究学习规律，研究如何指导学生学习，如何培养学生语言学习的能力，研究学习的策略，包括元认知策略、认知策略、社交/情感策略；充分重视学科教育的功能，探讨学科在全面培养学生素质中的作用，如学科中的德育、智育、美育等的作用。然而这些作用的发挥都不是生搬硬套的结果，而是由学科教育的特点所决定的，研究这些特点，明确地认识这些特点，可以使教师更有意识地去努力达到英语教育的目标。名称的更换对教师教育的目标、内容、方法、课程设置等一系列问题都提出了新的要求和新的挑战。

而"英语教学"也并不像传统意义上那样，只是教师对学生的教学行为。如《英汉双解现代汉语词典》（2002）中对于"教学"的定义是：教师把知识、技能传授给学生的过程。这种解释显然太狭隘了。胡春洞（1999）认为，"教学"应包含两个层面的关系：教与学是一种并列关系（Teaching and learning）；教学是一种教授学习的使动关系。林玲、倪高升（2017）认为，教学应该包含三个方面的特性：一是教学（Teaching）；二是"教"与"学"（Teaching and learning）；三是教如何学习（Teaching how to learn），作者认为这种观点对教与学有更清晰的理解，因此赞同这一观点。

2.1.2 英语教育的基本模式

英语教育的目标是通过英语学科教育使学生受到全面素质教育，提升全面的学科素养。从本质上讲，英语教育是语言教育，涉及语言学和教育学两大领域；从教学过程上看，英语教育涉及教与学；从功能上看，英语教育具有全面培养学生素质的功能。二十世纪八十年代，人们对外语教育的认识尚不全面，但是，人们已经认识到只靠语言学的理论远远不能支持英语教育，即从语言学到应用语言学到教学法这一模式是不够充分的，有一定缺陷。

即使加上心理学及相关学科仍然不能充分说明学科教育学的框架。1978年，Spolsky 提出一个第二语言教育的模式，称为教育语言学模式。依照 Spolsky 的这个模式，第二语言教育有三个来源，或三个理论基础：语言的描述、语言学习论、语用论。语言学习论最终来源于语言论和学习论。语言的描述又必须扎根于语言论，为语言教学提供必要的理论基础；心理语言学提供语言学习理论；普通语言学提供语言描述；社会语言学提供语言学在社会运用的理论。Spolsky 的模式把语言教育的相关学科描述得十分清楚，但是也有不足之处，这个模式没有考虑语言教育的环境因素。

1983年，Stern 提出了第二语言教育的一般理论模式。这个模式提供了客观、全面地审视、评价、分析语言教育的相关因素。它包含了语言教育的各种环境：第二语言环境、外语环境、学习环境、习得环境。相关理论指导外语教育实践，实践反过来也会促进理论发展。这个模式主张采纳多因素观点，即单一因素不能解决外语教育中的问题，比如单独依靠教师、教法、教材、某种新观念（如个体化教学、共同学习理论）或者某一种教育新技术（如计算机），都无法解决语言学习中的多数问题，因此，在研究、分析语言学习的问题时，要考虑多种因素及其相互作用。这个模式还主张多学科为语言教学提供理论支持，如语言学、心理学、社会学以及它们的相关分支学科。这同过去的观点不同，过去有人认为与语言教学相关的领域只有语言学。多年的外语教学实践证明，单纯语言学不能解决外语教育中的许多问题。

除了以上几种特征之外，这个语言教学模式还表明：在语言教学中，人们必须处理四个关键性概念，即语言、学习、教学、环境。语言教学需要教师有一种语言观，知道语言的本质，每个教师都要按照自己的理解和坚持的语言观去教学，他的语言观可以是明确的或者是不十分明确的。一个教师的语言观影响他的语言教学行为。对学习者的看法，对语言学习本质的看法也十分重要。只有了解学生和学习的规律，教学才能有的放矢，事半功倍。对教师及教学的看法也是教育研究的内容。教师的功能与作用，教学的过程与本质直接影响教学的方法。语言、学习、教学都出现在具体的环境中，脱离了环境，这些都不复存在。环境包括：语言环境，即语言在中国社会中有何地位、作用，英语学习有何地位、作用；教育环境，即语言教育在整个教育中的地位和作用；语言教学的背景，即外语教育的历史、传统、教法流派、现状。

国内学科教育的研究多年来致力于学科教育的体系建设，取得了可喜的进展，对于英语教育的体系有了大体的共识。这个体系可以分为三个层次，第一层次是宏观层次，以相关学科的理论为基础支持英语教育；第二层次是中间层次，是理论与实践的中间层次；第三层次是微观的教法与教学实践。

这三个层次要回答的问题包括：为什么教？为什么学？教什么？学什么？怎么教？怎么学？谁教？谁学？教得怎样？学得怎样？

根据这些问题进行研究的方向包括：课程论、教材论、教法论、学习论、教师论、学生论、考核论。

与此相关的学科包括：语言哲学、语言学、语言历史、心理语言学、社会语言学、应用语言学、社会学、人类学、教育学、教育心理学、教育社会学、教育哲学、学习心理学、心理学等等。

2.2 英语教育教学的培养目标与课程目标

2.2.1 英语教育教学的培养目标

这里的培养目标，实际上是指国家的英语教育目的，是国家对于英语教育教学的职能要求以及所规定的方向性、政策性和宏观性的指标。英语教育教学并不是单一的语言工具教学，也是语言文化教学，是对学生跨文化交际能力的培养。随着我国经济的发展，对人才的需求和对外交流的不断扩大，国家对英语能力的提高提出了更新的要求。而英语教育教学对于提高我国国民的英语能力，扩展中国文化软实力的作用愈加明显，对于提升我国的国际形象也大有裨益。2021年3月进行的中美高层安克雷奇战略对话，让我们看到了国家领导人的自信与坚决以及维护国家尊严和领土完整的决心，也让我们看到了英语翻译在两国对话中的作用，使人们眼前一亮，为之振奋，纷纷为口译员张京的出色表现点赞。总体来说，英语教育教学的培养目标主要有以下两个方面：

其一，培养学生能力。主要是培养学生的语言能力。主要体现在三个方面：

（1）深刻理解英语文化的深层内容。英语学习是为建设祖国服务的，要对英语有足够的了解，对英语文化有足够的认识，并在跨文化交际中减少或避免文化休克（Cultural shock）或者文化交流障碍。

（2）使用英语讲好中国故事。在学习西方语言和文化的同时，要使学生能够使用英语对自身母语文化进行表述。要让世界听见中国声音，要让世界认识中国，要在国家舞台上有作为，有影响力，我们必须大力发声。如何发声？用英语讲出中国故事，让全世界倾听中国的声音。这对于树立中国的国际形象，提升我国的文化软实力都非常有帮助。

（3）成为跨文化交际的具体参与者。进行实际的跨文化交际，可以使学生以客观的态度审视和比较目的语文化和母语文化，这样在交接过程中就可以做到不卑不亢，柔中带刚，争取到自己的话语权。

其二，明确文化定位。英语教育教学需要明确母语文化和目的语文化的关系定位。中国有着五千年的古老文明，是世界文化中的珍宝，在人类文明中占据着重要的地位。英语教育教学在内容安排上也应该以中国文化为基础。在跨文化交际中，交际者不了解自身母语文化是无法进行长久交谈的。也就是说，母语文化是进行跨文化交际的基础。但是目前的英语教育教学中，母语文化缺失现象很严重，基本是本末倒置的。因此教师在教学中，应注意增加母语文化英译、文化对比等教学内容，这既能提高学生的母语文化修养，也能提升学生的文化对比能力。

英语是很多国家的官方语言，是全球最广泛最通用的国际语言，在国际交往中有着突出的地位。因此，英语教育教学必须紧跟时代发展，在课程设置上增加英语国家文化的学习内容，培养学生的文化身份意识，定位自身文化属性。

只有对于两国文化都有相当的了解之后，学生才能在吸收本国文化营养的同时，批判地吸收英语国家文化的精华，为我所用。只有这样，才能为日后的跨文化交际打下良好基础。

2.2.2 英语课程标准的总体目标

我国英语教育教学总体目标有两个：一是发展综合语言运用能力，二是发展综合素养（核心素养）。此处探讨第一个总体目标。以下以小学英语新课程的总体目标为例。

《义务教育英语课程标准》确立了小学英语课程的总目标是："通过英语学习使学生形成初步的综合语言运用能力，促进心智发展，提高综合人文素养。"

以下结构图清晰地表明课程目标里各个要素之间的关系：综合语言运用能力是义务教育英语课程改革的精髓，是英语课程设计的指导方针，也是一切教学实践的出发点和归宿；课程目标包括语言技能、语言知识、情感态度、学习策略和文化意识等五个方面的内容，这五个内容是实现综合语言运用能力的手段和途径；这五方面内容相辅相成，互相联系，各个内容之间没有明显的界限和先后顺序，它们之间只有通过有机联系以及共同发展才能帮助学生形成综合语言运用能力。

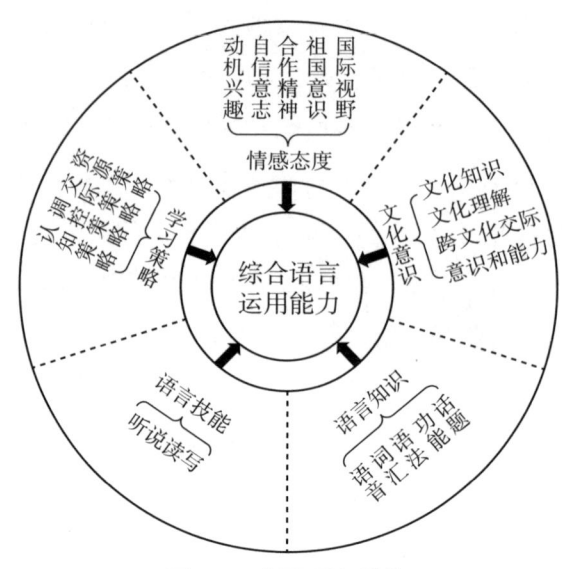

图 2-1 课程目标结构

以往的英语教学普遍存在重知识、轻能力的现象，教学中对于文本中所包含的思想、情感、态度等人文性内涵也不够重视。为了让学生掌握这种语言工具，教师往往会采用机械性的、简单粗暴的工具式方法来教英语，而这样的方法逐渐把原本富有人性、情感、形象力和表现力的英语课堂变得功利、狭隘、呆滞、无趣和低效。因此，英语课堂还承担着提高学生综合人文素养的任务，即学生通过英语课程能够开阔视野，丰富生活经历，发展跨文化意识，增强爱国主义精神，发展创新能力，形成良好的品格和正确的人生观和价值观。这是英语课程的人文性功能。

语言类教学本来就应该是富有人文性、富有情怀、激发想象力和表现力的。英语教育教学不仅要注意语言工具训练，还要贯彻人文教育思想。英语教育教学应该在突出语言工具性和基础性的教学过程中渗透人文教育，其目的是使教学过程更加生动有趣，以此来提高教育教学质量，与此同时陶冶学生情操，提升他们的人文素养，全方位提高学生综合素养。所以，工具性和人文性这一课程性质的提出，为英语教育教学在学生终身发展中的重要作用提供了理论基础和方向定位，对于深化英语学科课程改革、巩固改革成果具有重要意义。

2.2.3 英语学科核心素养理念

这里以高中英语学科核心素养为例。"核心素养"这一概念首次提出于2014年，其根本任务是为了体现"立德树人"的方针。紧接着，《全日制义务教育普通高级中学英语课程标准（实验稿）》为了响应"核心素养"，提出了高中英语学科核心素养，即"语言能力、文化品格、思维品质和学习能力"。在此之前，课程标准中强调的是综合语言运用能力的培养，而核心素养的提出并不是否定了之前的综合语言运用能力，而是对其进行了进一步的丰富和发展。

学科核心素养是《普通高中英语课程标准》（2017版）的一项重要指标，它包括了语言能力、文化品格、思维品质、学习能力四个内容，这四个内容是相互影响、相互作用的。其中，英语语言能力是构成学科核心素养的基本要求。语言能力作为英语学科核心素养的核心内容，它不仅包括听、说、读、写四个基本技能，还包含理解和运用语言知识进行交际的能力。文化品格不仅要了解不同的文化现象，还要有一定的鉴别能力，对于外国文化能够取其精华，去其糟粕。思维品质是指学生在英语学习过程中所表现出来的思维特征（程晓堂、赵思奇 2016）。学习能力是指学生根据自身特点形成自主的学习能力，它不仅局限于学习方法，还包括对英语学习的态度和认识。

从"综合语言运用能力"到"学科核心素养"的变化，体现了课程目标在逐步体现"立德树人"的指导思想和根本任务，也体现了英语学科的人文性与工具性的统一。

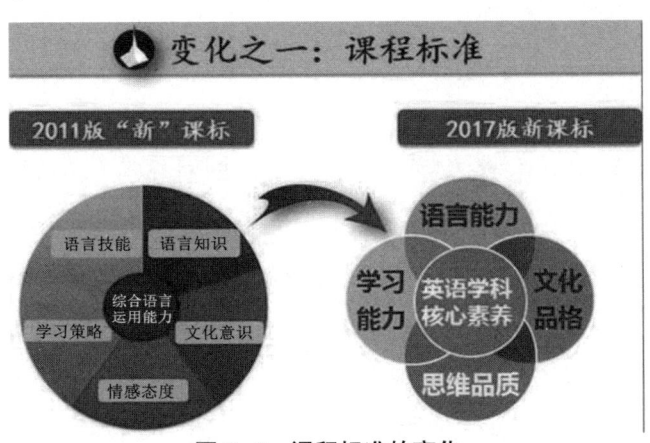

图 2-2 课程标准的变化

2.3 英语教育教学的关系定位

英语教育教学需要对自身进行学科定位，同时在教学过程中需要处理几对关系，即：英语与汉语之间的关系，外国文化与中国文化之间的关系，语言知识与语言技能之间的关系，教师与学生之间的关系，以及校内与校外之间的关系。

2.3.1 英语与汉语之间的关系

汉语是中国人的母语，儿童在开始学习英语时已经能够比较好地使用汉语进行交际。也就是说，他们已经掌握了一定量的汉语词汇和基本语法，具备了使用汉语进行听说和读写的能力。而英语是他们作为一门外语来学习的目标语。在谈到母语和目标语之间的关系时，人们经常谈到的是"迁移"的问题，迁移本来是一个心理学术语，指学习过程中学习者已有的知识或技能会对新知识或技能的获得产生影响。二十世纪五十年代，语言教学研究吸纳了迁移理论，认为母语迁移会影响外语学习。

迁移是外语学习者经常采用的一种学习策略，它指学习者利用已知的语言知识去理解新的语言，这种现象在英语学习的初级阶段出现得最为频繁，因为那个时候学习者对英语的语法规则还不熟悉，此时只有汉语可以依赖，汉语的内容就很容易被迁移到英语之中去。如果母语对目标语的学习起到了积极的影响，这种现象被称为正迁移。反之，如果母语对于目标语的学习起到了消极的影响，则被称为负迁移。

迁移现象的研究中有三种主要的理论，即对比分析假说、标记理论和认知理论。对比分析学派认为，母语和目标语的差异会导致负迁移的发生。Weinreich 指出："两种语言（母语与目标语）相似引起正迁移；两种语言相异引起负迁移。"Lado 也指出："学生在接触一门外语时，会发现该语言的有些特征相当容易掌握，而掌握另外一些特征则极其困难。其中，与其母语相似的成分简单，而相异的成分困难。"除了母语和目标语的异同之外，在考查语言的迁移问题上还要考虑母语在什么阶段、在什么条件下影响目标语的学习。这里要提及两个重要的非语言因素，这两个因素对母语知识何时会干扰第二语言习得的过程起着决定性作用：一是环境，二是学习阶段。从学习阶段来看，在初学阶段学习者由于缺乏足够的目标语知识，在表达中往往更多地依赖母语，因此这一阶段有可能较多地出现母语知识的负迁移。

中国学生在学习英语的过程中，语言迁移表现在语音、词汇和语法等各个层次上。在语音迁移上，语音迁移是语言迁移中最为明显也最为持久的现象，"人们普遍认为第一语言对第二语言习得具有很强的影响，最为明显的证据就是第二语言学习者的外国口音。"英语和汉语分属不同的语系，两者在语言方面存在很大的差异，其一，汉语是一种声调语言，用四声辨别不同的意义。而在英语中，语调起着非常重要的作用，这一点很容易给北方方言的学生造成特殊的语音语调的困难。其二，英语和汉语的音素体系差别较大，两种语言中几乎没有发音完全一样的因素。在词汇迁移上，初学英语的人很容易认为英汉语的词汇存在着一一对应的关系，每个汉语词汇都可以在英语中找到相应的单词。其实一个单词在另一种语言中的对应词可以有几种不同的意义，因为它们的语义场景不相吻合，呈现重叠、交叉和空缺等形式，例如，汉语中的"重"一词在英语中有 heavy 与它对应，但是 heavy 的意义与"重"一词并不是完全吻合的。在英语中，我们可以发现许多表达方法，并不是汉语中的一个"重"字所能解决的。初学英语的人往往会把汉语的搭配习惯错误地移植到英语之中，于是出现了许多不合乎英语表达习惯的句子。英汉两种语言文化的差异也会导致两种语言词汇意义的差异。除了少量的科技术语、专有名词在两种语言中的意义相当之外，其他词汇的意义在两种语言中都或多或少存在着差异，这些差异都有可能导致负迁移现象的发生。在句法迁移上，句法就是组词造句的规则，也就是传统所说的语法。英汉两种语言在句法方面有一些相同之处，同时也存在着很大的差异。首先，汉语是一种分析性语言，没有严格意义上的形态变化，主要通过词序和虚词的使用来表达各种句法关系。英语和汉语的这种差异很容易导致中国英语学习者的困难，尤其是对于初学者来说，他们很容易受到汉语的影响，在使用英语时忘记词汇形态的变化，例如，名词的单复数，代词的主格与宾格形式，动词的时态变化等。其次，英语重形合，句子中的词语和分句之间常通过语言形式手段（如关联词）来表达意义和逻辑关系。汉语重意合，其意义和逻辑关系往往通过词语和分句的意义表达。受此影响，中国学生在使用英语时常按照汉语的习惯，只是简单地把一连串的单句罗列在一起，不用或者很少使用连词。

另外，英语和汉语在静态和动态方面也呈现出一定的差异。英语多倾向于用名词，因而叙述成静态。而汉语多用动词，其叙述成动态，例如：He is a good singer and a good dancer。这个句子中使用了 singer 和 dancer 两个名词。而相对应汉语应该是"他能歌善舞"，如果要求学生把这个汉语句子译成英语，他们首先想到的是"He sings and dances well"。英语名词化的特点使许多中国学生感到不适应，在翻译和写作中这一点表现得最为突出。

迁移并非总是坏事，有时候由于英汉两种语言之间存在着很多相似或者吻合的地方，中国学生在学习英语时可以利用已有的汉语知识促进英语的学习。例如，汉语中的形容词都位于它所修饰的名词之前，而英语也同样如此，所以当学生学习了 good 和 teacher 两个词之后，就会很自然地说出"a good teacher"，而不是"a teacher good"或是别的。英语和汉语句子结构的相似性也使得迁移成为可能。那么，英语和汉语有五种基本句型是相同的：

（1）SVP（主系表结构）

I'm a teacher. 我是个教师。

（2）SVA（主谓补结构）

He works hard. 他工作很努力。

（3）SVO（主谓宾结构）

She helped me. 她帮助了我。

（4）SVOO（主谓双宾语结构）

I bought him a card. 我给他买了个贺卡。

（5）SVOC（主谓宾补结构）

Mom asks me to study hard. 妈妈叫我努力学习。

这些虽然都是简单句，但是几乎所有的复杂句都是建立在简单句的基础之上的，这就使得中国学生在学习英语时，可以利用汉语知识实现正迁移。

特别是近些年，语言学习理论不断发展，更支持了第一语言和第二语言之间的正迁移作用。美国威斯康辛大学教育学院的语言学教授 Margret Hawkins（简称 Maggie）是笔者 2018—2019 年在该校访学时的导师，她一贯主张语言之间的正迁移，认为儿童首先要学好母语，并且不要回避使用母语，训练母语，特别是在家庭中应坚持使用母语。这样，儿童在学习和使用外语的时候，其母语知识和技能会对外语学习有帮助，发挥母语对外语的正迁移作用。

与汉语和英语之间的关系这个问题相关的还有语言的社会功能问题。一个民族的母语是其民族的特征之一，母语教学对于培养学生的爱国主义情感具有重要的意义。如果注重外语学习而忽视了母语的学习，就会导致严重的后果。在新加坡，许多有识之士指出，新加坡 20 年来母语教育失败是造成社会凝聚力低的问题之所在。实际上，在我国，类似的问题也同样存在，一浪高过一浪的出国潮与此也存在着一定的关系。

同时，今年（2021 年）春天的两会期间，第十三届全国政协委员、九三学社中央委员许进提议，改革义务教育阶段英语的必修课地位，激起舆论一片哗然。许进指出："特别是目前，智能手机为大家提供的翻译软件的解决问题的能力高于贯穿义务教育全过程的英语教学目标。而音、体、美等素质教育课程占比偏低是各级学校面临的实际问题，不再将英语课设置为必修主课，将解决素质教育缺乏课时的问题。不再将英语（或外语）设为高考必考的科目，禁止义务教育阶段学生参加非官方的各种外语考试。"这种声音的出现，也反映了大到国家、小到民众该如何处理英语和汉语之间的关系问题。说到底，国家政策是指挥棒，高考是方向标。英汉之间的关系处理是一个政策性非常强的问题。

因此，在处理汉语和英语之间的关系方面应该注意以下两个问题：一是，全社会重视英语教育的同时，不可忽视汉语学习。经济的全球化和科学技术的国际化正在成为新的时代特征，英语作为国际交往中最为重要的交流和沟通工具，其重要性已经为越来越多的人所认识。目前中国人学英语的热情空前高涨，从咿呀学语的幼儿到白发苍苍的老人，学习英语者不计其数。从幼儿园一直到大学，英语教育都是教育主管部门和学校领导所关注的重点问题之一。与此同时，剑桥少儿英语、全国公共英语等级考试、大学英语四六级考试等国内外各个层次的英语考试，也为英语学习的热潮推波助澜。另外，为了满足人们英语学习的需求，各种各样的教学方法、丰富多彩的学习用书、音像制品和软件也应运而生。这对于创造良好的英语学习环境，培养具有国际竞争能力的高素质人才，提高我国在国际竞争中的实力，无疑是一件好事情。但是这样的环境很容易给人们尤其是中小学生（包括许多家长在内）造成一种错觉，认为英语比汉语还重要，从而忽视汉语的学习。不重视英语是错误的，而因为重视英语而忽视了对母语的学习，也同样是不正确的。二是克服负迁移，促进正迁移。在对待汉语和英语之间的关系方面，有两种截然相反但都不可取的态度。一种是依靠汉语来教授英语，这显然是不可取的。英语教学的目的首先是培养学生使用英语进行交际的能力。这种能力的获得要求学生大量地接触英语和使用英语。而英语教学的课时有限，要想在有限的课时内，最大限度地使学生接触和使用英语，就必须尽可能地使用英语进行课堂教学。对于中国的英语学习者来说，汉语是他们的母语，学生在学习英语时会自觉或不自觉地与汉语进行比较。如果在教学过程中过多地采用汉语，学生就会很难摆脱对汉语的依赖，养成一种以汉语做"中介"的不良习惯，在听、说、读、写等语言活动中，会不断地把听到的、读到的以及要表达的英语先转换成汉语，这样就很难流利地使用英语，也不可能写出或读出地道的英语。另外一种极端就是完全摆脱汉语，全部使用英语教学。这不仅难以做到，也是不可取的。很长一段时间以来，高校英语专业教学基本在采用这种模式，或者是在追求这种方法。甚至中小学的英语优质课比赛、公开课展示也以"全英授课"作为评价标准，认为只要是全英授课就是好的，就可以得高分。这些做法虽然存在，但却未必正确。因为它们显然是没有处理好汉语与英语之间的关系。

英语课堂时使用汉语要注意以下几点：

（1）汉语作为教学手段，使用方便，易于理解，但汉语使用不能过分。在解释某些意义抽象的单词或复杂的句子时，如果没有已经学过的词汇可以利用，就可以用汉语进行解释；另外也可以对发音要领、语法等难以用英语解释的内容使用汉语进行简要的说明。

（2）利用英汉之间的比较，提高教学的预见性和针对性。某些内容为英语所特有，学生学起来就比较困难。教师应该有针对性地将其作为教学的重点，适当增加练习量。对于两种语言中相似但又不相同的内容，学生很容易受到汉语的干扰，教师在教学过程中要有预设，多加注意。

2.3.2 外国文化与中国文化之间的关系

文化是指所学语言国家的历史地理、风土人情、传统习俗、生活方式、文化艺术、行为规范、价值观念等。它不仅包括城市、组织、学校等物质的东西，而且还包括思想、习惯、家庭模式、语言等非物质的东西。语言与文化有密切的关系，这主要表现在三个方面：

第一，语言是文化的重要组成部分。从文化的内涵来看，文化包括一个民族在长期的历史进程中创造的物质财富和精神财富两方面内容，而语言正是精神财富的一个组成部分。

第二，语言是文化的载体，因此它也是反映文化的一面镜子。语言能反映一个民族的文化，解释该民族文化的内容。

第三，语言与文化相互影响、相互作用。因此，理解语言必须了解文化，理解文化必须了解语言。

语言具有丰富的文化内涵，不具备文化内涵的语言基本上是不存在的。在一种语言中，从单词到语篇都可以体现文化的内涵。在单词的层面上，英汉两种语言具有很大的差异。还有一些词，只存在于英语中，在汉语中则没有相对应的词。另外在英汉两种语言中，某些词语看起来似乎指代同一事物或概念，其实不然。例如，black tea 不是"黑茶"，而是"红茶"；而 lucky dog 也不是"幸运狗"，而是"幸运儿"。而且，某些事物或概念在一种语言中只有一两种表达方式，而在另一种语言中则有多种表达方式。例如，汉语有一个复杂的词汇体系表示各种亲戚关系，有姑妈、姨妈、姑父、外祖父、外祖母等各种词汇，而在英语中相关的表达方式要简单得多。对于某些词汇来说，英汉的基本意义大体相同，但是派生意义的区别可能很大。在短语、成语、谚语这个层面上，英汉两种语言也体现出很大的文化差异。谚语是民间流传的至理名言，往往能反映一个民族的地理、历史、社会制度、社会观点和态度，例如"要知朝中事，乡间问老农""衙门自古朝南开，有理没钱莫进来"等都带有明显的中国文化内涵。而"An apple a day keeps the doctor away."和"You can't teach an old dog new tricks."则具有明显的英语文化内涵。

英汉两种语言的文化差异还反映在日常谈话之中。在中国两个熟人相见，经常用"上哪去啊"打招呼，直译成英语就是"Where are you going"。用这句英语来打招呼的话，大多数英语国家的人听了会不高兴，他们的反应很可能是"It's none of your business"，也就是"这不关你的事"的意思。人们在分手时通常说"Have a nice day"之类的话，这是说再见的常用语，并无什么深意，而按照中国习惯，在说再见之前往往还要有一番客套话，例如"走好""慢走"等等，这些说法不能直接翻译成英语，否则听起来会让人感到很别扭。同样，在英语国家，人们常常用名字直接称呼别人，例如 David, Tony, Ruth 等，年龄悬殊的人之间也可以这样称呼。特别不能理解的是，兄弟姐妹之间、亲戚之间也互相直呼其名。但是在中国就不能这样做，汉语里的称谓要比英语里复杂得多。还有，同样是听到别人赞扬，美国人和中国人的回答也大不相同，美国人一般表示接受赞扬，而中国人则一般表示受之有愧。

与语言迁移类似，文化迁移也有正负迁移之区别。英语教学不仅仅是介绍和引进外国文化、知识、技术和科学等内容，同时也担负着中国文化输出的任务。在进行西方文化知识教学的过程中，如果忽视中国文化的教学，甚至还有可能造成自卑、媚外的心理，以致不能以平等的心态与对方进行交际，造成跨文化交际的心理障碍，从而影响跨文化交际能力的培养。如习近平总书记反复强调的"文化自信"，就不能得到很好的体现。另外，充分掌握汉语与汉语文化也是英语学习和英语交际能力不可分割的重要组成部分。我国外语界和翻译界的老前辈们的治学经历就很好地说明了这一点。王佐良、许国璋等英语界泰斗的成绩在很大程度上得益于他们深厚的汉语与汉语文化的根底。许多著名的翻译家如钱钟书、巴金、鲁迅、叶君健、杨宪益、萧乾等，他们本身就是中国文学作家，他们的译作水平也达到了很高的境界，这在很大程度上也是因为他们本身就是中国文化专家。

语言与文化密不可分，语言具有丰富的文化内涵，英语学习中有许多跨文化交际的因素，这些因素在很大程度上影响英语的学习和使用。因此，英语课程标准把"文化意识"作为综合运用能力的一个组成部分，具体规定了各个级别对文化意识的具体要求。

基于上述讨论，我们在处理外国文化与中国文化之间的关系方面，要注意以下几个问题：

第一，在教授语言知识的同时，注意传授文化知识。首先从培养学生的英语交际能力来看，英语教学不能是单纯的语言教学，还应扩大学生的视野，了解英语国家的文化和社会风俗习惯。因此在英语教学中需要渗透有关文化知识的教育。从素质教育的角度来看，我们需要培养适应国际竞争要求的具有现代意识的人才，他们应该面向世界，思想开放，善于吸收其他民族的优秀文化，提高本民族的文化素质。在这一方面，英语教学肩负着不可推卸的责任。文化知识的教育必须适度，应该渗透在英语教学之中，应该与英语教学相结合，不能为了传授文化而传授文化。在英语教学中，文化知识的传授主要体现为在英语教学中导入文化的内容，主要方法包括注释、比较、融入和体验四种。

第二，在传授外国文化知识的同时，不能忽视对本国文化知识的传授。目前我国的英语教学实践中还存在着对汉语文化知识的教学不够重视的问题。绝大多数的英语学习者在通过了大学英语四、六级甚至英语专业毕业之后，都不知道像《红楼梦》《水浒传》《三国演义》《西游记》等中国古典文学名著在英语中该怎样翻译，有的同学甚至连四大名著是什么都不清楚。许多有相当英语程度的中国青年学者在与西方人交往过程中并没有表现出一个来自世界文明古国的学者所应具有的深厚文化素养和独立文化人格。还有些人竟然不知道令西方人也十分崇敬的孔子的英文译名是 Confucius，甚至还有人闹出把 Mencius（孟子）误认为是异国圣者而译为"门修斯"的笑话。

第三，培养学生的跨文化意识。跨文化意识是指学生对于外国文化和中国文化异同的敏感程度，以及在语言交际过程中根据外国文化调整自己语言行为的自觉性。传授文化知识的目的在于培养学生的跨文化意识，使他们能够自觉地按照英语的文化习惯，使用英语进行交际。在培养学生跨文化意识的同时，还要注意培养学生的文化平等意识。一方面不要有民族自大的心理，不注意吸收西方先进的文化。另一方面也不要缺乏文化自信，产生自卑心理，一味地崇洋媚外。

第四，培养学生的文化鉴赏能力。中小学生的价值观与道德观都处在形成的过程之中。他们思想活跃，易于接受新鲜事物，但是又缺乏一定的鉴别能力。在学习异国文化的过程中，如果不善加引导，他们很容易会盲目地接受西方文化中的行为规范、价值观和道德观，也就很容易疏远甚至淡忘自己民族的文化传统。

2.3.3　语言知识与语言技能之间的关系

语言知识包括语音、词汇、语法三个方面的内容。语言知识是综合英语运用能力的有机组成部分，是发展语言技能的重要基础。使学生掌握一定的英语基础知识也是英语教学的基本目标之一。语言是交际的工具，而语言首先是有声的，正是通过人的发音器官发出的声音，才能达到交际的目的。在英语中，语音和语法、构词法、拼写都有关系。很好地掌握语音，不但有利于听说技能的获得，而且也有助于语法和词汇的学习。

每个词都有一定的意义，这些意义根据其层次又可以被分为字面意义和隐含意义两种。字面意义就是词的"本义"，隐含意义则是指词的本义以外的意义，即附加意义。例如："春天"一词给人以"生机盎然""万物复苏"的联想；而"男子汉"一词则具有"刚强""勇敢"和"有担当"的内涵。词的隐含意义不但可以随着时代和社会的变迁而变化，也可以因历史和文化的不同而不同。如汉语中的"荷花"一词在中国人的头脑里就可能产生"冰清玉洁""出污泥而不染"的联想，而英语中的 lotus flower 就没有这种隐含意义；同样，即使是特别简单的表示颜色的词汇，在不同的语言文化中也会有不同的隐含意义。例如：中国古代社会中的"黄"字就有特殊文化内涵，如"黄天在上""黄袍加身"等，常是代表皇室天子的意思，而英语中的 yellow 则没有这种文化意义。

语法是指关于一种语言的结构的描述，说明词和短语等如何结合起来形成句子。语言是词的一种线性排列，这种排列不是任意的，而是遵循一定的规则，这种规则是本语言使用者所共同接受的。不同的语言具有不同的语法，汉语与英语的语法就具有很大的差异，英语学习者要想使用英语进行交际也必须遵守英语的语法规则。

语言技能指运用语言的能力，包括听、说、读、写四个方面，其中说和写被称为产出性技能，而读和听被称为接受性技能。听是分辨和理解话语的能力，即听并理解口语语言的含义；说是应用口语表达思想，输出信息的能力；读是辨认和理解书面语言，即辨认文字符号并将文字符号转换为有意义的信息输入的能力；写是运用书面语表达思想、输出信息的能力。听、说、读、写是学习和运用语言必备的四项基本语言技能，是学生进行交际的重要形式，是形成综合语言运用能力、获取信息和处理信息的重要基础和手段。

语言知识和语言技能都是语言能力的组成部分，都是语言学习的目标。两者之间相互影响，相互促进。语言知识是发展语言技能的基础，不具备一定的语言知识，不掌握足够的词汇，不了解英语的语法，就不可能发展任何的语言技能；而语言技能的学习往往可以通过听、说、读、写活动的过程来感知体验和获得。

因此，在英语教学中，处理语言知识和语言技能这两者之间的关系时，应注意以下几点：

第一，语言知识与语言技能同时兼顾，防止厚此薄彼。语言知识与语言技能都是语言能力的组成部分，都是英语教学的基本目标。交际教学法是在批判传统的语法翻译教学法的基础上建立起来的，其中一个主要的原因在于传统的教学方法过分地强调语言知识（主要指语法）的传授，而忽视了语言技能的培养。笔者曾经参加了一些听课等教研活动，发现讲课的老师在课堂上不敢讲授语法等语言知识，害怕那样做就会被指责为没有采用交际教学法。这种把语言知识和语言技能对立起来的看法是错误的。

第二，语言知识的教学要立足于语言实践活动。传授语言知识并不意味着要单纯传授讲解语言知识，尤其在基础英语教学阶段，主要是通过听、说、读、写等实践活动来学习英语，因此，语言技能的训练是教授语言知识的基本途径。语言知识的教学可以采用提示注意、观察、发现、分析、归纳、对比和总结等方式，要有意识地使学生加入上述过程之中，使学生在学到语言知识的同时，得到科学的思维方法的训练。

第三，听、说、读、写四项技能协调发展，不能截然分开。对于英语初学者来说，可以从听、说开始，但是读、写很快要跟上。在处理四项技能之间的关系时，我们应该注意防止两种错误的倾向：一方面不让学生接触书面材料的纯"听说法"是不可取的，也是不符合中国人学外语的国情的，因为中国人学外语最容易创造的还是阅读的输入环境。但另一方面一味强调客观条件，片面夸大读、写的重要性，也是不可取的。

2.3.4 英语教育与思政教育之间的关系

教育的目的首先应该是培养学生健全的人格特征和良好的道德意志，其次才是知识的传授。而传统的英语课堂像许多其他课堂一样，将教学重心放在英语知识与技能的传授上，忽略了对学生世界观、人生观和价值观的引导和培养，即英语教育与思政教育是脱节的。

2018年9月，教育部制定《关于加快建设高水平本科教育全面提高人才培养能力的意见》（又称"新时代高教40条"），要求推动高校全面加强"课程思政"建设。2020年5月，教育部印发了《高等学校课程思政建设指导纲要》的通知，第一次把"课程思政"建设以纲领性文件的形式下发到全国各地高校。强调课程思政建设是落实立德树人根本任务的战略举措，是全面提高人才培养质量的重要任务。"课程思政"体现的正是习近平总书记倡导的各类课程与思想政治理论课"同向而行"，形成"协同效应"的教育方针，是实现总书记提出的"三全育人"的保障。因此，将"课程思政"教育理念融入英语课程与教学，将知识的传授与思想政治教育紧密结合，积极创建"课程思政"与英语学科协同育人的教学模式，是英语教育的艰巨任务和必然趋势。探索如何在英语教学中有效实施"课程思政"将是英语教师面临的挑战。

下面以作者的几个课堂教学实践为例，展示"课程思政"如何在英语课堂上落地，师生如何用英文讲好中国故事，如何体现我们的文化自信，从而实现全方位育人的教学目标。

课堂教学案例一：

针对我国英语教学中普遍存在的母语文化缺失的问题，我在教学中就注意更多地渗透中国文化的内容。这些本国文化的内容，学生并不陌生，关键是如何用英语表达出来。英语教学的重要任务除了通过学习语言来了解西方的先进思想和学习先进技术之外，还要进行本国文化输出，用英语讲好中国故事。当一篇课文中出现了"When in Rome, do as the Romans do"这样的文化信息，作者就同时把另外两句关于"Rome"的谚语也找了出来，即："All roads lead to Rome"和"Rome was not built in a day"。同时和学生讨论这几句谚语所传递出的思想意义和文化价值。不过，这些都是典型的西方文化的内容。所以，我就由"Rome"引出了有关中国地名典故的谚语，并教给学生正确的英语表达。如："不到长城非好汉"（He who does not reach the Great Wall is not a true man.）和"不到黄河心不死"（Ambition never dies until there is no way out 或者直译 One will not stop before one reaches the Yellow River.）。"长城"和"黄河"是中华民族的象征，学生不仅应该知道它们的英文表达，还应该掌握与它们相关的一些文化信息的表达，这样才能更加准确而自信地用英语讲好中国故事。这样既树立了学生的民族自豪感和文化自信，也给学生进行了爱国主义教育，体现了社会主义核心价值观的理念。

课堂教学案例二：

如果说上一个案例中的思政内容有教师有意为之的成分在的话，那么很多时候，英语课堂教学中的思政教育是"润物细无声"的，这也是课程思政的出发点，即避免纯粹的口头说教。

例如，在翻译课上，有一个比较经典的案例是否定转移，如"She didn't marry him because she loved him"，一开始学生的回答大都是"她因为爱他而没嫁给他"。后来我通过慢慢引导和启发，告诉学生这里有一个否定转移的问题，学生才得出"她不是因为爱他才嫁给他的"这个答案。

本来翻译到了这里应该结束了，可是我却偏偏多了句嘴："不是因为爱而结婚，那是因为钱吗？这可不好啊，同学们请记住，特别是女生们，结婚一定是因为爱情，而不是为了别的，别的都不靠谱。"这下子下面的女生可炸了锅了，纷纷嚷道："老师，爱情才不靠谱呢！"为了帮助学生树立正确的婚恋观，防止女生过于物质，我就拿出了将近十分钟的课堂时间，和学生讨论了一下这个问题。

我首先批评了眼下社会上那些危险的婚恋观，那种以金钱为衡量标准和以颜值为导向的恋爱都是错误的。并告诉学生只有以爱情为基础的婚姻才是健康的、幸福的、稳固的和长久的，掺杂了很多其他因素的婚姻是不会幸福的。虽然学生不见得一下子就接受我的观点，但我相信，课堂是有启迪作用的，一定会对学生三观的形成产生潜移默化的影响。

课堂教学案例三：

节日文化在西方文化中占有重要地位，英语教学中教师应该抓住机会，利用节日来传递正能量，进行思政教育。在学习 Thanks Giving 这一课时，我看到了其中的思政元素，于是身先是范，写了一篇表达感恩的作文，与学生分享。文章很长，也很真诚，以 "I give thanks to... for..." 的形式展开，写出了很多我要感谢的人：父母、家人、老师、同事、政府、学校还有他们——我的学生等等。我告诉他们我为什么要感恩，我要怎样来感恩。也许是我认真的态度和流利的语言感染了学生，轮到他们写的时候，他们就能够做到很用心，很坦诚，完全地敞开心扉，情真意切。这一次，是我被他们的作文感动了，实际上是我被他们的这种感恩的心感动了。好多学生的作文上都被我写满了 "Good" "Wonderful" "Quite right" "Yes" "OK" 等肯定和表扬的字眼，这倒不是因为他们的英语表达很完美，相反，其中的词汇错误、语法错误并不少见，我也相应地做了批改。我收获更多的是学生的这种真情流露，是与他们心心相通的零距离交流带给我的欣喜。

给我印象最深的是 Cathy 同学，她不仅语言流畅，更重要的是写得生动全面，感人至深。她在文中列出了 9 位要感激的人和 5 个要感激的群体，而每一个又都配以生动的事例，向我们说明这些人为什么值得尊敬，值得感激，值得她去爱。我把她的作文在我教的四个班里作为范文朗读，引起了学生的强烈共鸣。她流利的英语是同学们学习的榜样，更重要的是，同学们感恩的心被一再地激发，良好的品德在不知不觉中植入心底，生根发芽，静静绽放。这就是英语教育教学中思政教育的魅力，它使英语教学不再僵硬，不再冰冷，不再程式化，而是有温度的心灵沟通，是英语教育与思政教育的完美结合。

总之，英语教育教学与思政教育的关系要注意把握两点：

其一，英语教师一定要以教学内容为基础，进行相关思政教育的教学设计与实践。价值引领应该自然合理，有感而发，有的放矢，而不能生搬硬套，进行生硬的甚至毫无根基的勉强"植入"。如果教学内容中不容易找到思政教育的依托，也就没必要牵强附会，不能"为赋新词强说愁"。

其二，英语教育教学作为综合素养课，在育人模式上毕竟跟思政教育不同。思政课是显性育人，而英语教育教学是隐性育人。应该做到春风化雨，润物无声。英语教育教学的责任是和思政教育协同育人，不能喧宾夺主，不能取代思政课在思想政治教育的核心课程地位。也就是说，英语课可以有思政味，但不能上成思政课。

2.3.5 线上与线下之间的关系

现代科技给教育教学带来了很多新变化，其中最直接的反映就是现代教育技术在教育教学上的应用。"互联网＋教育"时代的到来，使在线教育逐渐为人们所接受，学生的学习方式由此发生巨大改变。开始之初曾颇受争议的线上教育并没有停止它的脚步，相反，线上教育呈迅猛上升趋势。因为线上教育模式不涉及课堂场地的限制和人数的限制，于是有不少学校都开启了线上课堂，采取线上线下相结合的模式。

此前，《中国互联网络发展状况统计报告》显示，截至2019年我国在线教育用户规模达3.81亿，占网民整体的40.5%。由此看来，在线学习已慢慢被大家所接受并不断发展壮大。

线上教育优势非常明显，它可以使优质教育资源更加扩大化，得以很好地传播。这对于缩小贫富差距、减小区域差异、促进教育公平来说是非常有利的，对教育落后地区的学生来说，是一份福利。

通过对线上线下教育教学的对比，我们可以看到：

（1）传统线下教育受到场地限制，最多也只能到达上百人。而且教师精力有限，无法一时间接纳太多学生。所以，在规模上和地域上，线上教育有它独特的优势。

（2）传统的线下教育依然是目前教育教学的主流，这是因为它的直观性和互动性。面对面的授课互动性强，教师能对学生的听课状态有直观了解，也能对学生起到很强的监督作用和纠错作用，便于进行及时教学评价，可以取得良好的授课效果。

英语教育教学是一种语言教学。在多年的传统课堂授课之外，线上的英语教学也呈现了迅猛增长的趋势，出现了很多英语教学网站和英语学习APP，网上也有大量微课、慕课等教学资源，线上的教学资源非常丰富，在一定程度上满足了不同人群的不同需求。同时，各校也纷纷开展各种形式的网络授课，各大教育机构也陆续开通了线上辅导等多功能服务。那么，在英语教育教学中，如何做到线上线下共存，发挥优势互补，互相促进，共建高效课堂和优质教育呢？作者有以下思考：

一方面，发挥线下传统课堂教学的优势。学校教育有其不可替代的重要价值，学校课程有显性课程和隐性课程，显性课程如课程表中的学科等，而隐性课程是一切有利于学生发展的资源、环境和学校的文化建设。所以，学生在学校的学习不仅仅是学习各学科知识这么简单，还有学校整体文化氛围对学生的影响，教师对学生的言传身教，学校的一桌一椅、一草一木、板报标语、名人名言等对学生潜移默化的教育和熏陶。特别是在课堂教学中，除了师生之间的面对面互动之外，还有同学之间的互动，同伴之间的影响，朋友之间的帮助，各种pair work、group work等等，这些都是线上教学无法做到的。所以，我们首先应该发挥课堂教学主阵地的强大优势，完成主要的英语教学任务。

另一方面，发挥线上教育的良好辅助功能。线下教育虽然是主流，但受时间、空间的限制，还受经济条件的限制，特别是经济不发达地区教育水平相对薄弱，教育资源相对缺乏，亟待改善。而线上教育就可以很好地缓解这一问题。第一，线上教育覆盖面广，可以同时满足不同地域人群的学习需求。第二,线上教育灵活性较强,随时随地都能进行,满足了学生快节奏和碎片化学习的需求。第三,线上教育随时能回看课程内容,不懂的可以倒回去再多听几遍、多看几遍,这是课堂教学无法做到的技术优势。第四,线上教育趣味性强,文字、音乐、视频都能制作成教学内容,同时还能个性化订制课程,满足学生各方面的个性化需求。

2.4 英语教育教学的模式与方法

2.4.1 英语教育教学模式的内涵及特点

关于教学模式的定义有很多不同的论述,Joyce 和 Will 提出的关于教学模式的定义在国外较有影响力。他们认为,教学模式可以用来设置课程、设计教学教材、指导课堂或者改进其他场合的教学计划或类型。国内学者也有很多不同表述,有的将教学模式等同于教学结构,认为它是在一定的教学思想的指导下建立起来的比较典型和相对稳定的教学程式;也有人认为,教学模式就是教学过程的模式,或是一种有关教学程序的策略体系、教学样式,即根据客观教学规律和一定的教学指导思想而形成的整个教学过程中必须遵循的比较稳定的教学程序及其实施方法的策略体系。其中,戴炜栋等学者在结合外语教学特点等基础上提出:"教学模式是指在一定的教学思想、教学理论和学习理论的指导下,在某种环境中展示教学活动过程的稳定结构形式。"

人们对教学模式这一概念在认识上的分歧,说明人们对教学模式的性质和定位等基本理论问题尚需进一步探讨。尽管如此,他们大都从不同的视角对教学模式的两个基本属性进行了探讨,即:教学模式是指为实现某种教学任务、目标和要求所展开的具体教学活动;教学模式是指它所涉及的教师、学生、教材、教学媒体等要素在教学活动过程中呈现的一种稳定的结构形式。

英语教育教学不仅是一门语言基础课程,也是拓宽知识、了解世界文化的素质教育课程,兼具工具性和人文性。因此,在设置英语课程时,也应当充分考虑对学生的国际文化知识的传授和跨文化素质的培养。大学英语课程的教学目标是培养学生的语言综合应用能力、跨文化交际能力和学习策略，使他们在今后的学习、工作和社会交往中能用英语进行有效的沟通，同时增强其自身的学习能力，提高学生的核心素养，以适应我国社会发展和国际交流的需要。因此，在教学模式上，适合采用以交际为目的、以任务型驱动为主、以现代教育技术为辅助的教学形式。

2.4.2 英语教育教学法的主要流派

2.4.2.1 语法翻译法（Grammar-translation Method）

语法翻译法的语言学理论基础是历史比较语言学，它认为一切语言都起源于一种共同的原始语言，语言规律是相通的，词汇所代表的概念也是相同的，所不同的只是词汇的发音以及书写，这一点似乎与Saussure提出的语言的"能指（形式）"和"所指（意义）"有相似之处，这样，通过两种语言词汇和语法的互译与替换，就能掌握另一种语言。

语法翻译法在我国又被称为传统教学法，在英语教育教学法的主要流派中，语法翻译法是历史最悠久的。它最初是源于中世纪时期的欧洲人教授希腊语和拉丁语的方法，主要通过演绎法讲解语法规则，使用母语翻译书面语，重阅读而轻听说，强调死记硬背语法规则和词汇。课堂是以教师为中心的，以教师的讲为主，学生活动相对很少。教师并不鼓励学生之间展开活动或者开口说，因为那样会浪费课堂时间。尽管语法翻译法看起来有着种种缺点，不太符合新课程理念，应该尽量抛弃，但它仍有很多可取之处，仍然生命力顽强，至今仍然在世界很多地方得到广泛使用。究其原因，可以概括如下：

（1）语法翻译法能帮助学生牢固掌握系统的语法规则，因此学生的阅读和翻译水平较高。

（2）采用母语组织教学，既减轻了教师的语言压力，也节省了课堂时间，提高了课堂效率。

（3）使用起来方便，不需要多少硬件设施。

正因为以上原因，长期以来，语法翻译法在我国英语教育教学中占据着统治地位。一是因为我国地域广阔，教育发展不均衡，各地差异较大，比较复杂。特别是在一些师资、生源和硬件设施都跟不上的地区，语法翻译法仍然比较流行。二是因为在应试教育的大环境的影响下，有相当多的英语教师走经验主义道路，不愿接受新事物，轻视教学法，我行我素，墨守成规，不愿意有所改变，因此语法翻译法在我国一直很有市场。

语法翻译法的优点很明显，比如：学生的语法体系得以完整和牢固，学生的阅读能力得到发展；教师用母语授课，更轻松更省时省力，不需要特别设备，一本教材就够了。

语法翻译法的缺点也随着时间的推移变得越来越明显了，它最大的缺点就是不利于语言的应用和交流，不符合语言是为了交际的理念。学生虽然掌握了不少的语法规则及词汇，但却不能进行口语交际，甚至连最基本的听力也不行。这就导致了我国英语教学的"哑巴英语"现象。同时，过于强调死记硬背，也不利于学生思维品质和创造力的形成和发展。另外，课堂上只是教师的一言堂，缺乏师生或学生之间的互动，教学过程机械枯燥，课堂气氛过于沉闷，不利于学生的参与。

2.4.2.2 直接教学法（Direct Method）

传统的语法翻译法在欧洲盛行了几个世纪，直到19世纪末，随着欧洲科技、经济和现代交通工具的飞速发展，国际交往开始变得日益频繁，外语口语交际一下子变得非常重要且迫切需要了，于是，直接教学法就应运而生了。直接教学法是西欧经济、政治和外语教学改革运动的产物，受"刺激—反应"行为主义心理学观点的影响。还有随着语言学的发展，语音学成为独立的学科。所有这些都为直接教学法提供了理论依据。直接教学法的"直接"包含三个方面的意思：直接学习、直接理解和直接应用。直接教学法主张采用口语材料作为教学内容，用教儿童学习本族语的方法学习外语，以句子为单位进行教学，广泛利用直观手段，不依赖学生的母语，使外语与思想直接建立联系。第一批词的词义是通过指示实物、图画或演示动作等来讲解的。直接教学法为后来的听说教学法、视听教学法和交际教学法的发展打下了基础。

直接教学法较之语法翻译法有如下优点：

（1）强调直接学习外语和直接应用外语，使学生全面掌握外语工具。

（2）重视语音语调和口语教学，抓住了外语教学的实质。

（3）注重模仿、朗读和熟记等实践练习，有助于培养学生的语言技巧和语言习惯。

（4）句子是外语教学的基本单位，增强了外语学习的意义性。

（5）充分利用直观教具，有助于吸引学生的注意力，激发学生学习外语的兴趣和积极性，帮助他们组织思维，加速外语和客观事物的直接联系。

（6）教材的编写注意材料的实用性与知识体系的循序渐进性。

直接教学法在二十世纪上半叶对我国外语教学影响很大，一方面是因为海外来华的外籍教师带来了直接教学法教学思想，另一方面是我国留学归来的外语教学工作者也在实践直接教学法。其中最有名的是张士一，他编写的教学法读物《英语教学法》（1922年版）、中学英语教材《直接法英语教科书》（1930年版）和他主持制定的初、高中英语课程大纲，都对宣传和贯彻直接教学法起到了很大作用。但是到了二十世纪五十年代，受政治方面的影响，我国外语教育界曾经批判直接教学法为"资产阶级教学法"，而开始提倡当时苏联的自觉对比法。后来到了六十年代，一些大学的外语专业和少量中学开始推行"听说领先法"，加强听说能力的培养，既是受听说法的兴起和影响，也是对直接教学法的一种重新认识。

那么直接教学法的缺点是什么呢？主要在于对外语教学中各种问题的认识和处理存在着简单化、片面化的倾向，体现在：

（1）把外语学习与母语学习混为一谈，忽视了我国在母语环境中学习外语的客观事实，把外语学习过分简单化，完全否认了母语在外语学习中的作用。

（2）只看到了母语对外语学习不利的一面，看不到或者忽视了它有利的一面，在外语课堂上生硬地排斥或禁止使用母语，给外语教学带来了不必要的限制和麻烦。

（3）忽略了语法的作用，过分强调模仿和记忆，不能达到活学活用的目的。

（4）没能很好地处理口语和书面语的关系，一味地夸大一个而否定另一个。

因此，直接教学法也有它明显的局限性。

2.4.2.3 听说教学法（Audio-lingual Method）

听说教学法的产生与战争有关。第二次世界大战爆发后，美国急需在短期内培养大批掌握外语口语能力的军人出国作战，于是就采取一系列措施和手段强化训练士兵的听说能力，听说教学法便应运而生。他们成立外语训练中心，研究外语教学方法，编写外语课本，而他们要求的就是听说教学法，因此称为听说教学法。战后，该方法被推广应用到学校外语教学中，并在二十世纪五六十年代风行西方各国。到了二十世纪六十年代末，听说教学法开始受到批评，并逐渐失去其影响力。

听说教学法又被称为句型法或者结构法，其理论基础是结构主义语言学和行为主义心理学。它认为语言有一套模式，语言学习是习惯的形成，主要途径是刺激和反应，提出以口语为中心，以句型结构为纲的主张。听说教学法的语言学理论基础也是结构主义语言学，认为掌握了一种语言的结构就是掌握了该语言，主张对目的语结构进行科学分析与描述。

听说教学法有如下特点：

（1）听说领先，读写随后。语言学习起初时强调听说，在听说的基础上再进行读写训练。

（2）以句型教学为中心。语言技能的培养是以熟练掌握句型为基础，要求学生通过反复操练，达到自动运用句型的能力。

（3）反复实践，形成习惯。听说教学法认为语言习得的过程像动物的行为一样，是一种刺激—反应的过程，学习外语与学习母语相似，需要大量练习和反复实践，形成新习惯。而语言知识和理解能力却不起什么作用。

（4）少用母语。通常情况下通过上下文、所学外语和直观教具等方法来释义，在不得已的情况下才能使用母语。

（5）大量使用现代教学手段，如语音室、多媒体等。

（6）对比两种语言结构，确定外语教学难点。把外语和母语进行对比，找出它们在结构上的异同，以此来确定外语教学的难点。

（7）及时纠正错误，培养正确的语言习惯。强调学生从学习英语的第一天起，无论是语音、词汇还是句型，都要做到理解确切、模仿准确、表达正确，不放过任何性质的错误。一旦发现错误，就要及时纠正，以使学生养成正确使用英语的习惯。

这些特点中，听说教学法的优点是：

（1）认为口语是外语学习的基础，重视听说，有利于培养学生的语言运用能力。

（2）以句型为中心，使学生掌握正确的表达方式，有利于语言习惯的形成。

（3）比较两种语言，有利于学生确定学习难点，做到有的放矢。

（4）进行大量听说教学，有利于学生掌握正确地道的语音、语调。

二十世纪六十年代初，我国英语教学界开始受听说教学法的影响，从那个年代人民教育出版社编写的中学英语教材中就可以看到一些结构主义的痕迹。1978年教育部颁布的中学英语教学大纲就是以听说法理论为基础制定的。1982年人教社出版的《全日制学校中学英语课本（初中部分）》是吸取了听说法的听说领先、重视句型操练的特点编写的。这套教材到1993年为止已经使用了10年，是新中国成立以来中学英语教材中使用时间最长的一套。

听说教学法是一种理论基础非常完备的教学法流派，它把结构主义语言学和行为主义心理学应用于外语教学中，从而使外语教学建立在当代科学成果的基础上，这是具有划时代意义的。同时，听说教学法不完全排斥学生使用母语，一定程度上也克服了直接法的片面性。它发展了一整套形成语言习惯的操练体系，并把语言技能分为听、说、读、写四个方面，使教学效果非常显著。

听说教学法的缺点是：

（1）过分强调机械操练，忽视交际能力的培养，语言学习显得僵化。

（2）过分注重语言结构形式，重形式而轻内容，忽视语言的内容和意义。

（3）过分强调听说，而忽视读写，语、文分家，形式过于单调，学生缺少学习后劲。

2.4.2.4 视听教学法（Audio-visual Method）

视听教学法也叫情景法，二十世纪五十年代首创于法国，是在视听教学法的基础上,利用视听结合手段而形成的一种教学方法。它吸取和继承了视听教学法的精华,剔除了其缺点,并在此基础上发展了情景视觉感受成分,从而创造了独特的教学方法体系——情景视觉与录音听觉相结合。它不仅接受听说教学法的一些原则和做法,如培养外语习惯,口语第一,对话入手,严守听、说、读、写的先后顺序,还有模仿、熟记、类推等操练方法,充分利用电教手段等等,此外还有自身的特点:

(1)强调语言内容的连贯性,以整体结构作为教学的基础。用一幅幅表示情景的连环画,配上一组组句子,再配上录音,使视、听、说有机地联系起来,组成一个整体,让学生学习外语。让学生的耳、眼、脑作为整体去感知语言材料。语音并不单独教,也不是从学习单纯的音素开始,而是首先要求学生听一段意思完整的话,从而掌握它的语音、语调和节奏等整体结构。在这个基础上再进行个别音素的训练。词汇教学是通过图像呈现情景,根据题材在句子中进行。

(2)视听并用,语言和情景紧密配合,以情景联系话语。视听教学法认为一边看图像(幻灯片),一边听声音,可以使情景的意义和所学的外语之间建立起直接的联系。这样就可避免使用母语和书面语。这样做符合青少年的心理特点,可以引起学生的学习兴趣,并使他们注意力集中。学生看到情景和语言的配合,会感到学习外语的真实性,如同身临其境一般,并感到自己所学的语言是有用的。

(3)日常生活情景对话是教学的中心。视听教学法是以二三人之间进行的日常生活情景对话为中心进行教学的,音是真实的语言内容,像是一定的生活情景,这样音像结合,让学生置身于真实而自然的情景中用语言交际。这样,对话便成了培养学生运用外语进行交际活动的先决条件。情景对话是教学的出发点,因此课文作为教材的主要部分,也是用对话来组成,句型只作为对话的注释。

视听教学法的优点是:

(1)除了重视听说外,还强调看,即看画面或情景。学生边看画面,边练习听和说,身临其境地学习外语,把看到的情景与听到的声音自然地联系起来，学得就生动活泼，印象更深刻。

（2）重视句型教学，但强调通过情景操练句型，着重使学生掌握在一定情景中常用的成套生活用语。

（3）从日常生活情景需要出发，选择、安排语言材料，比听说教学法更能符合学生言语交际的需要。

（4）借助情景和录音协调作用，进行语音、词汇和语法综合整体教学，有利于培养外语语感。

（5）重视口语教学。学生一开始就听到标准并且地道的外语录音，日积月累，有助于养成准确的语音语调以及遣词造句的习惯。

以上优点使视听教学法成为二十世纪七十年代中期以来被世界广泛运用的教学法。

二十世纪六十年代中期，中法建交，视听教学法开始传入我国，但当时仅限于一些高等院校的试验，还没有进行推广。到了七十年代，L. G. Alexander 编写的《新概念英语》（New Concept English）进入我国，视听法的使用范围开始逐步扩大。二十世纪八十年代我国播放的电视英语节目《跟我学》（Follow Me）也是视听教学法的典范，影响了一大批英语学习者。

但是，视听教学法的缺点是：

（1）过于重视语言形式，而忽视了交际能力的培养。

（2）过于强调整体结构，忽视语言分析讲解和训练，不利于学生理解和运用语言。

（3）排斥母语，对母语的积极因素认识不足。

（4）忽视书面语的作用，学生的听、说、读、写能力得不到全面发展。

2.4.2.5 认知教学法（Cognitive Approach）

二十世纪六十年代，科学技术的飞速发展需要培养高水平的外语人才，而只以培养口语能力为主的听说教学法已经不能适应新形势的发展。与此同时，Piaget 的"发生认识论"开始出现。认为人天生具有语言能力，学习语言绝不是单纯的刺激—反应的结果，而是思维的过程。于是，作为听说教学法的对立面，在美国形成了认知教学法，它是语法翻译法的现代形式。

认知教学法对外语教学的最大贡献是把当代心理学的最新成果——认知心理学理论运用到语言教学中来，首先创立了对学习者的研究，主要是成年人在本国环境中学习外语的过程及规律。这种教学法从学生已知的知识出发，通过学习和分析，对语音、词汇和语法的形成获得有意义的控制，并在有意识的情景中培养语言的交际能力。这种教学法的理论是重视人的思维作用，把语言学习看作是智力活动，重视对语言现象的理解，着眼于培养实际运用语言的能力。

认知教学法有如下优点：

（1）强调培养学生的语言交际能力。广泛使用直观和电化教具，使外语教学情景化和交际化。

（2）主张外语教学以学生为中心，教和学有机结合起来，要求在研究"学"的基础上研究"教"。

（3）认为口语与书面语同等重要。教学时不必口语先于书面语，听、说、读、写同时训练，齐头并进。口语和书面语是相辅相成、互相促进的，应该同时全面训练。

（4）主张在理解语言知识和规则的基础上进行外语操练。认为学习外语不是刺激—反应这种动物类型的学习，而是理解规则、运用规则，并在此基础上通过大脑的逻辑推理，创造性地活用语言的人类型学习。教师讲授语言规则，要提供易于让学生发展规则的语言材料，从已知到未知，逐步引导学生发现规则。强调语法学习，反对单纯依靠机械操练来培养语言习惯。

（5）适当使用母语。母语是学生的已有经验，因而也是学生学习外语的基础。认知教学法认为各种语言的语法具有普遍性、共同性，其区别只是表达形式不同而已。有的语言学家称此为普遍语法（Universal Grammar）。学生在学习外语时，母语的语法知识、概念、规则必然会转移到外语中去，从而促进外语学习，因此进行外语教学时利用母语是理所当然的。

（6）容忍错误，不见错就纠。认知教学法认为，语言习得是按照"假设（Hypothesis）—验证（Check）—纠正（Correct）"的过程进行的，因而出现错误是在所难免的。教师对学生所犯的错误要进行分析和疏导，把错误作为改进教学的依据，并针对错误的原因分别处理。例如，对影响交际的错误，要加以纠正；而对一般因疏忽、不熟练而产生的错误无须纠正。

我国的高中和大学英语教学中，多年来多数教师上课主要是采用语法翻译法。但是有的教师在对高中生和大学生的心理年龄特征做了一番分析之后，提出了在此阶段采用认知教学法，在教学过程中强调对语言的理解，强调语言能力的培养和运用，主张外语教学要以学生为中心，主张有意义学习和操练等。然而认知教学法作为一个新的独立的外语教学法，体系还不够完善，需要在理论上和实践上进一步充实。它的缺点主要是：

（1）不分阶段笼统地提倡口语与书面语同等重要。美国语言学家 H. Douglas Brown 在考察了听说教学法和认知教学法的实际效果后得出结论："初级阶段的外语学习，听说教学法有效；而高级阶段，则认知教学法更胜一筹。"

（2）认知心理学和转换生成语法的理论应用于外语教学中，还不够成熟，尚处于探索阶段。

在现代外语教学史上一直存在着语法翻译法和直接教学法两大语法体系的对立，对立的两派长期争论和共存，并随着时代的需要从一端向另一端来回摇摆。二十世纪六十年代发展成为认知教学法和听说教学法的对立。认知教学法吸收了两派的某些优点，做出了平衡和调和的努力，但它从根本上还是更接近于语法翻译法。

2.4.2.6 交际教学法（Communicative Approach）

交际教学法，又称功能法（The Functional Approach）、意念法（The Notional Approach）、功能意念法（The functional—Notional Approach）。交际教学法是以语言的"功能—意念"为纲，培养交际能力的一种外语教学法体系。功能指的是语言行为（Speech Act），即用语言叙述事情和表达思想，功能和意念在言语表达交际过程中是紧密联系的。

二十世纪七十年代初，西欧各国为了加强政治、经济和科技文化方面的合作，成立了西欧共同体。随着共同体国家间的交往扩大，语言成了最大的障碍。为了培养具有实际交际能力的外交人才，交际教学法就诞生了。交际教学法的理论基础是社会语言学、心理语言学和转换生成语法学派的研究成果,他们认为,语言的社会交际功能是语言的最本质的功能,任何一项交际活动都包括两方面:一是运用语言表达什么思想,即为了达到一定交际目的而说的内容;二是怎样运用语言表达思想,即所说内容的表达形式。

交际教学法的主要特点是:

(1)在分析学生对外语需求的基础上,制定教学大纲。外语学习者对外语有不同需求,在制定大纲时,首先分析学生对外语的需求,了解每个学生为什么来学外语,将来使用外语的情景怎样,将来使用外语参加什么样的活动。在此基础上挑选最典型的语言情景,再从典型语言情景中选择言语交际最需要的语言功能项目和语言形式,并以此为依据制定出相应的教学大纲。

(2)以意念—功能为纲。交际教学法主张以学习者所要表达的内容(即意念),以语言使用者最需要和最通用的功能为线索组织教学大纲。意念分为普通意念和特殊意念两种,普通意念是指适用于各种语言环境的意念,它包括表示存在、空间、时间、关系、数量、质量、心理和精神、指代等的意念;特殊意念是指实义词所表达的内容(具体事物)。功能项目、普通意念和特殊意念在言语交际中相互紧密关联。

(3)教学过程交际化。课堂活动以语段为教学的基本单位,以学生为中心,教师的重要作用是提供、组织各种活动,让学生在各种活动中学习外语;教学活动以内容为中心,大量使用模拟情景、角色扮演、信息传递、语言游戏等活动形式来培养学生运用语言的交际能力。交际教学法还认为,对学生的语言错误应采取宽容态度,不必频繁纠错,以免打断学生连贯的语言表达活动。

由此看来,交际教学法的优点在于:

(1)强调教学要以学生的实际需要服务,以语言功能为纲,针对学生对象的不同需求加以安排,即专门用途英语(ESP)。

(2)教学过程交际化。教学活动以学生为中心,让学生充分接触所学语言,教师要提供真实的情景和创造外语交际环境,让学生主动地、创造性地学习和运用语言。

(3)强调语言的流畅性,不频繁纠错。允许学生经过一个由不完善到完善的中间语言阶段，逐步做到正确运用语言进行交际。

（4）重视话语教学，在话语中使用语言，培养交际能力。

（5）主张采用多种教学手段，一本教科书难以全面反映交际，建议使用教学包，里面包括教师用书、辅导读物、磁带、挂图、录像、电影、电视等。

（6）不排斥讲解语法，也不排斥使用母语和翻译教学。

近三四十年来，我国英语教育教学发生了很大的变化。自二十世纪八十年代，我国英语界通过对交际教学法的深入讨论，逐步达成了"语言教学的最终目的是培养学生的交际能力"的共识。由人教社与英国朗文公司合作编写的JEFC（Junior English for China）和SEFC（Senior English for China）教材在沿用了原有教法的同时，吸收了交际教学法的一些特点。交际教学法从学生实际出发确定学习目标，把教学过程交际化，以这种方法培养出来的学生，语言应用能力强，可以直接同外国人进行口语和书面语的交流，符合我国目前形势下对外语人才的要求。

当然，交际教学法从出现到现在也不过四五十年，它仍处于一个不断发展的过程中，还有很多问题尚未得到解决。它的缺点是：

（1）"功能—意念"项目多种多样，确定语言"功能—意念"项目的标准是什么，究竟哪些内容应该在"功能—意念"表中，尚不够明确。

（2）如何处理语言能力与交际能力的关系，如何处理语法体系和功能大纲的关系仍尚待解决。

（3）课程设置、考核和教学方法还存在很多问题，需要在实际中去探索，不断加以发展和完善。

2.4.2.7　任务教学法（Task-based Approach）

任务教学法，也称为任务型学习（TBL Task-based Learning），是二十世纪八十年代以来西方英语教育的最新发展成果，是建立在二语习得研究基础上的一个具有重要影响意义的语言教学模式。该模式是在二语习得理论启示下提出了外语学习途径，是交际教学法的最新发展。它以具体的任务为学习的动机和动力，以完成任务的过程为学习的过程，以展示任务成果的方式为教学成果。教师围绕特定的教学目的和语言项目，设计出各种教学活动，学生通过这些语言活动完成语言学习任务，最终达到学习语言和掌握语言的目的。任务型语言教学充分体现了以学生为中心以及注重学生合作学习的教学理念。

任务教学法源于 Prabhu 在印度进行的一场有关交际教学法的实验，该实验历时五年。这一实验中提出了许多实验类型，同时还将学习的内容设计为各种各样的交际任务，旨在让学生通过完成任务来开展相关的语言学习。Prabhu 的这项实验引起了语言学界的广泛关注，也成为任务教学法的开篇。此后，越来越多的国外语言学家陆续投入到有关任务教学法的研究中，Nunan、Jane Willis 等人都将任务看成探讨的关键，从不同角度对交际任务进行理论探索和实证研究。很多学者意识到，语言的输入并不能保证语言的习得，语言习得的关键因素为交互活动、意义协商、语言输出等，只有任务得以实现和完成，学习者才能更有效地进行交互活动、意义协商和语言输出。

如果我们把语言教学法分为以语言为中心的教学法、以学习者为中心的教学法和以学习为中心的教学法，那么任务教学法综合体现了这三种教学法的特点。任务教学法强调二语发展可以是有意图的、直接的，也可以是偶然的或间接的、动态的；强调意义与形式的平衡发展，既注重语言的流利性，也注重语言的准确性和复杂性。Candlin 提出，任务教学法反映以学习者为中心的教学法的原则，即任务或学习都强调以学习者为中心，尤其强调学习者的差异与相互的独立性，任务要体现解决问题的新旧知识的协商。

Samuda 和 Madden 认为，以学习为中心的教学法强调语言最好通过理解、扩展和传递有意义的信息活动获得。任务教学法认为语言是通过实践掌握的，并强调意义（交际）。因此，任务教学法通过使用目的语来完成任务，而不是通过功能、意念、话题或结构来组织学习过程。在这种教学法的环境下，通过协商交际活动来有意义地使用目的语而学习目的语，即"通过使用语言来学语言"而不是"现在学，以后用"。

任务教学法有以下特点：

（1）真实性。因为脱离语境是传统语言训练的瓶颈，任务教学法就在真实性的基础上明确语言形式与功能的关系，让学生在完成任务的过程中感受语言形式与功能的关系。任务设计时的材料、情景和具体活动都来源于真实生活，并尽量贴近真实生活。教学中尽量让学生多接触和加工真实语言信息,使课堂语言与现实生活基本相似。

（2）以学生为中心。教师仅以组织者、帮助者、引导者的角色参与教学,学生有更多的参与机会进行合作学习。学生在参与过程中不仅掌握了一些基础的语言知识,也获得了更多实践和交流的机会。所以,学生的参与度提高了,积极性被充分调动起来。

（3）可操作性。在任务设计中,不仅要为学生提供任务,还要考虑任务在课堂环境的可操作性,所以应避免环节过多、程序过于复杂的任务。

（4）连贯性。要使课堂任务在实施步骤上连贯和流畅,就必须处理好任务之间的关系,以及任务实施的具体步骤和程序。通过一两个活动和一系列任务来完成教学目标,并将活动和任务之间相互关联,相互衔接,做到教学目标指向统一,前后连贯。

（5）趣味性。在任务设计中,体现了任务的趣味性,避免一些机械的、枯燥的、单调的课堂任务重复出现。课堂任务形式多样,有 pair work、group work、listen and answer、look and order、watch and match、read and act 等,总之,多人参与、多向互动、多种形式。在课堂的趣味性和多样性的同时,学生可以体验人际交往中的情感交流和完成任务后的兴奋感和成就感。

（6）实用性。课堂活动的每一个环节都是服务教学的,所以每一项任务都是实用的,不是为了任务而设计任务,学生在每个实用的任务中,既完成了教学目标,又体验了成就感和快乐,同时也培养了学生团队合作意识和交际策略。

任务教学法的具体实施的步骤是:

设定教学任务——破解完成任务的制约瓶颈——获得多次相互交流的机会——达成共识——任务完成。

任务教学法的三个教学流程是:

任务前（Pre-task）呈现和学习完成任务所需的语言知识,并介绍任务要求和实施步骤。

任务中（While-task）设计一个个任务,构成任务链,学生个人或小组完成各项任务。

任务后（Post-task）各小组向全班展示任务结果，进行学生自评、小组互评和教师总评。

结合我国当前外语教学实际，并在有效借鉴任务教学法的基础上，我国学者鲁子问提出了真实任务教学的课堂程序，具体如下：

时间顺序阶段	任务前	任务中	任务后
目的阶段	呈现任务 准备任务	完成任务	反思任务
教学活动	引入任务情景，理解任务要求 准备内容，准备语言	达成任务结果	有引导的反思 无引导的反思

在以上三个阶段中，任务中阶段是任务型课堂的必要阶段，而其他环节任务的呈现、任务的准备以及任务的反思等都应围绕任务中阶段而逐步展开。

任务教学法虽然看来是一种行之有效的教学法，也与语言习得规律相符，但它的局限性也在不同层面上显现出来。具体如下：

师生的积极性不够高。任务教学法对英语教师提出了更高的要求，除了扎实的专业基本功之外，还要对任务型教学有充分理解和掌握，并具备较强的任务设计能力、较好的课堂掌控能力、丰富多样的课堂活动组织能力、教学反思能力、现代教育技术的应用能力、对任务完成情况的评价能力等。而很多英语教师更习惯于传统教学模式，掌握任务教学法还有一定困难。而且，与任务型教学相关的教学培训也相对较少，也不利于英语教师掌握和熟练应用任务教学法。

对于学生而言，在传统教学中更依赖老师，更倾向于被动接受知识，没有主动学习和参与的习惯。而在任务型教学中，就可能出现学生不积极、不配合、不愿意参加小组活动等情况，这样就会直接导致完成任务的过程中师生间、生生间互动不够的状态，也就使教学和学习费时而低效了。

评价机制不完善。我国目前的考试和评价机制决定了我们的教学重点应该放在大量题海战术和应付各种考试上，这样就很难使学生形成主动培养自身英语交际能力和综合运用能力的意识。而任务教学法的理念却正是倡导学生积极参与课堂活动，认真投入完成各项任务等能力。评价机制无法考察这些能力，因而任务教学法得不到很好的实施和真正的发展。

2.4.2.8 自然教学法（The Natural Approach）

自然教学法是二十世纪七十年代末到八十年代初美国加州大学欧文分校的 T. Terrell 和美国南加州大学应用语言学家克拉申提出的一种教学方法。

自然教学法的特点如下：

（1）最大限度地扩大学生的语言输入，而且输入必须是自然的和可理解的。

（2）听先于说，理解先于表达。在初始阶段有一个以听力理解为主要活动的沉默阶段，不必要求学生过早地进行表达活动。

（3）课堂形式以习得活动为主，进行以内容为中心的语言活动。

（4）课堂活动尽量在轻松愉快中进行，这样才能增强学生信心，减少学生紧张焦虑情绪。

（5）教师尽量使用外语，但允许学生使用母语；口语表达时不纠错，书面语表达中要纠错。

由此我们可以看出，自然教学法的优点在于：

（1）自然法的产生是在系统的二语习得理论的基础上建立起来的，它得到了大量个案研究和实验验证等实证研究的理论支持，所以在语言习得理论上是有突破性贡献的。

（2）自然法在初期和发展过程中，一直立足于中学和大学外语课堂教学的实际，在不同层次的学校，用不同的外语语种进行实验。正因为它是从实践发展起来的，所以对于学校的外语教学有很强的指导意义，受到很多层面的重视。

同时，自然教学法也有很多的不足之处，例如：

（1）过分低估了语言规则的作用。

（2）忽视有意学得对外语能力发展的作用。

（3）习得和学得的概念还有待进一步明确。因为在某种情况下，很难区分和判定到底是习得还是学得在起作用。

第 3 章

多模态理论与英语教育教学

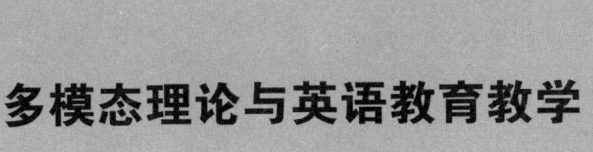

3.1 多模态理论的基本内涵

3.1.1 多模态话语分析理论的概念及发展

首先，多模态话语分析理论涉及的许多概念，我们需要一一厘清：

（1）模式（Mode）

模式是指有组织、有规律的表达和交流方式，不仅包括静止的图像、手势、姿势、言语、音乐、书写等基本形式，还包括由上述基本形式组合而成的新形式，如视频会议等（Jewitt, 2004）。根据社会符号学的观点，模式不仅指表达和交流信息的方式，也指传递信息的符号渠道。在系统功能语言学研究中，模式也用来指"话语模式"，即口头、书面、电子、身体动作等交流渠道，任何一种话语模式都是通过某一种媒体表现或者通过几种媒体同时表现的，采用不同媒体可以产生不同的交流模式，模式的使用和变化在一定程度上影响信息的流动和话语特征（朱永生，2007）。以教师讲课为例，教师可能一边播放PPT讲义文本，一边口头讲解，这是最常见的模式。同时，教师可以加上手势和肢体动作，还可以同时在白板或黑板上进行板书。这样，教师实际上就同时使用了言语、手势、动作、板书、电子等多种交际模式和媒体。可见，模式的概念侧重于信息产生的过程和方式，是具有意义潜势的符号资源。

（2）模态（Modality）

模态是指事物通过一定模式、方式或形式所表现的属性或情形。不同学科对模态的划分标准不同,模态作为信息接受者所感知的话语模式,既是媒体表达信息的结果,也是人们通过感官感知的交际结果。系统功能语言学和社会符号学认为,人们通过一系列具有意义潜势的符号进行交流,主要有语言文字、言语声音、副语言、图像、肢体动作、音乐等模态(O'Halloran,2004)。认知科学则从人类的感知通道出发,把模态分为视觉、听觉、嗅觉、味觉和触觉等模态。

作者认为,模态的概念应该兼顾上述两种标准,分宏观和微观两个方面,即宏观上以感知通道为标准,模态指的是信息受体通过感官对交流模式的感知形态;微观上,模态则是具有意义潜势的符号资源,是媒体通过交流模式表达信息的结果。在多模态话语分析研究中,可以先从宏观入手,然后再细化为微观的符号系统,比如课堂上学生的阅读行为,从感知通道角度分析,这是一种视觉模态,但从符号资源的角度分析,它还可以细化为具有意义潜势的图、文两种模态。随着多模态研究的深入,国内外学者从多角度界定和探讨多模态,比如,根据表达媒体的性质,把模态划分为物质模态、感觉模态、时空模态和符号模态(Ellestrom,2010)。

(3)多模态(Multimodality)

多模态是指通过整合、编排或编织多种不同模式的符号资源而形成一个语篇。从人类感知通道的角度,多模态是同时使用两种或两种以上的模态。人类生活在多模态的世界里,他们通常都是运用多模态来感知和交流的。例如,学生在课堂上学习,一边听老师讲(老师的"言语"模式所对应的是学生的"听觉"模态),一边看老师的动作演示和黑板或白板上的板书(老师的"手势、姿势"和"书写"等模式所对应的学生的"视觉"模态)。值得注意的是,有些模态,按照感知模态的划分标准,只有一个单模态,但却涉及两种或两种以上符合系统,也就是说,按照符合系统多少的划分标准,这些模态也是多模态的。例如;报纸上的一篇新闻报道只涉及视觉模态,但它既有报纸的特定版式、色彩、字体,又有新闻的图片和文字,所以,我们常常也把报纸视作多模态的一种形式(郭万群,2013)。

3.1.2 多模态话语分析理论的理论基础

多模态话语分析理论的主要理论基础是系统功能语言学中的社会符号学理论。

首先，多模态话语分析理论是在系统功能语言学理论的基础上建立起来的，它主要探讨多模态话语的结构和功能特征。在多模态研究中，对语言模态的研究已经有两千多年了，而其他模态的研究却很少。系统功能语言学的理论框架主要由语境（包括情景语境和文化语境）、意义、词汇语法和音系层组成。

其次，系统功能语言学的创始人 Halliday（1978）首先提出了社会符号学的概念。他反对传统的将语言与社会分离的做法，开创了"符号学"途径，并实际应用于案例分析，将语言学研究扩展到书面语之外。他认为，语言作为意义潜势系统而进化（Halliday，1978），或者作为影响说话者在某一特定社会语境中使用语言做事的资源。

Halliday 的社会符号学理论将语篇及其词汇语法体现形式与更高层次的语义、情景语境、文化语境以及更高层次的社会符号编码相连。社会符号编码控制和调节社会主体对社会语境的不同可及度。

Kress 等应用并发展了 Bakhtin（1973,1981）和 Volosinov（1973）的声音、对话性和社会多语性等概念，从而发展了社会符号学理论。社会符号学理论中的声音系统包括潜在的"未发声"的意义和实践，包括社会多语性的关系，由此声音中的联合、一致、反对、冲突、合作等关系得以在具体的语篇和篇际中有所体现。

Lemke 在系统功能语言学框架之内所做的研究发展了篇际主题构成和社会活动结构概念，由此，以上所说社会符号学理论框架中的各个视角可以更进一步联系起来（Lemke，1983，1984，1985，1988）。

最后，Derrida（1974,1978）对流行的"存现形而上学"（Metaphysics of presence）持批判态度，认为其在我们的社会意义生成的准理论和科学的解释之中都存在分歧，他将其与表象主义本体论（Ontology of representationism）相联系，将其作为西方文化中构成"现实"和"真相"的基础性的意识形态，这对于我们的以使用为导向的社会意义生成的社会符号学解释是有帮助的。

在社会符号学中，对符号系统选择的结果是语篇，同时，分析的基本单位也是语篇，它是符号过程或符号事件特点的体现。不过，这里的语篇不再是语言语篇，而是一个多模态语篇，是由多种符号资源的符号组成的交际单位。

话语在本质上是多模态的，因为不同的符号系统都可以用来实现话语。同时，当现实的某个方面需要表现时，话语也可以被用来呈现现实或社会实践的某些方面的知识。话语是多样的，因为现实的同一方面可以由不同的话语、不同的方式来实现，可以包含或排除不同的事物，或服务于不同的利益，因而我们需要进行多模态话语分析。

社会符号学视角下的多模态话语分析中，一个主要任务是探索同一现实是如何被塑造为不同话语的。这样，我们首先需要找出构成社会实践的主要成分，然后找出现实是如何被转化为不同版本的话语的。首先，社会实践的成分至少有以下七个：行为、行为者、方式、呈现、资源或工具、时间、空间。这些成分都是社会实践被编码的一部分。其次，现实是如何被转化成话语的？Van Leeuwen（2005）列出了四种基本转化类型：排除、重置、替代、增加。

总之，多模态话语分析理论框架主要由五个层面的系统组成（Martin，1992），即文化、情景、意义、词汇语法、音系字系，最后由物质实体声音或书写印迹体现。

3.1.3 多模态话语分析理论的主要内容

多模态话语分析理论的主要内容包括：多模态符号资源及媒体系统；话语、多模态话语与课堂话语；多模态话语的设计；多模态话语的语法构建；等等。

3.1.3.1 多模态符号资源及媒体系统

符号资源是符号系统的集合。人们可以通过"可识别的、多半是习惯性的方法使用这些资源，从而得以进行有意义的活动"（Lemke，1993）。习惯性的方法是指一个社会中每个成员都可以同时采用一系列符号资源来形成经常性的、可重复的、可识别的和有意义的文化和历史风貌的特殊符号类型方法，是一个符号建构的过程。

在社会交际中，一种社会符号系统建设一个模态。每个模态都有一个媒介系统，体现词汇或者词汇语法，进而体现意义。人类在特定文化中可选择利用的符号系统是无限的，从这个意义上讲，我们在社会交际中可以利用的符号资源是无数的。

多模态话语研究是从语言学研究中发展起来的。在语言学研究中，研究的着眼点是单模态交际，要么是口语，要么是书面语。在其他模态中，研究的着眼点也是单模态的，如绘画。再如广告，一般来说，人们主要研究广告的文字，而实际上，图像往往更吸引人，更起作用，包括图画和颜色，而如果只研究广告的文字就不完整。

随着现代科技的发展，多模态话语研究变得越来越重要，越来越必不可少。许多语言学家开始把研究重点转移到多模态上来。同时，在其他领域，如电影电视研究、文化研究、美术研究中，研究的焦点是图像，而不是语言。

但从多模态话语分析的角度讲，模态之间从理论上讲并没有重点和非重点之分，也没有先后之分，所有的模态都应该同等对待，都应该了解它们的具体模式和系统，认识它们的语法系统和结构，不仅对以语言为主的交际如此，对以其他媒体为主的交际也是如此。这显然会使主要研究语言系统和模式的人员感到对视频和音频的研究深度不够，太印象化、表面化，也要像研究语言那样研究各个模态的语法系统。但语言学家对语言之外的其他模态还缺乏了解，还需要对这些模态进行更加深入的研究才能像分析语言那样分析其他模态的语法模式。不过，随着电子设备的广泛应用，现在人们已经模拟语言语法对视频等其他模态的语法模式进行了研究，使对这些模态的认识从印象化向科学化发展，为其他模态的研究提供了很好的依据。人们可以利用这些研究来认识视频、音频等的结构和意义，使分析更加科学化。

与此同时，随着信息时代、数字时代的到来，人们的交际方式发生了变化，我们进行符号选择的原则也发生了变化。以前我们研究模态选择的原则是某个模态是如何体现意义的，模态之间有严格的分工，有不同的作用，不能用同一个原则来控制,如在电影中,图像可能提供行动,同步声音表示现实性,音乐表达情感等,然后编辑把它们综合起来,把所有成分都通过共同的韵律同步化(Van Leeuwen, 1985)。但在多模态研究中,我们需要用新的方法分析和描述这种现象。各个模态所共有的符号原则在不同的模态之间起作用,其结果可能是音乐用以体现行动、图像表达情感。这并不是说我们以前的研究不对,现在才更接近真理,而是现在形势变了,不同的模态实际上可以具有相同的体现意义的功能,可以由同一个多能人才来操作。这样,他在操作过程中就可以根据要表达的意义和效果,确定是用音乐还是用声音,用图像还是用口语等,也就是说,选择不同的模态。这样,我们就从符号学的高度把不同模态联系起来。

例如,"框界"(Framing)是一个照相或者绘画的术语(取景),表示在照相或者绘画中所显示事物的范围及其边沿,但在现在的多模态话语中,它可以用来指任何所表达事物的边界。其基本思路是一个语篇中的成分可以通过分离手段的缺失而相互连接,如通过矢量的缺失、颜色的延续和相似性的缺失、视觉形状的缺失等。分离的成分将被理解为是独立的、分离的或者是对立的,而连接的成分是相互联系的、连续一体的或者是互补的。

多模态符号资源是意义资源,不同符号系统适用于体现不同意义,因此,每个符号系统都有自己的意义界定和领域。而意义是由模态的词汇语法来体现的,词汇语法又由媒体来体现,成为有物质实体体现的符号系统。所以,媒体的存在是模态产生的基础。也就是说,没有媒体就没有模态,因为任何模态都要以一定的物质形式作为载体。从另一个角度来说,模态给媒体赋予了生命。

媒体,又称媒介,是指传播信息的载体和渠道。按照教育技术学的分类标准,媒体包括感觉媒体、表示媒体、显示媒体、存储媒体和传输媒体五大类,既包括信息传播过程中从传播者到接收者之间携带和传递信息的一切形式的物质工具(如纸笔、黑板白板、多媒体操控台、计算机、投影仪、教具等),也包括人类的感觉系统(如视觉、听觉)(Heinich, 2002)。

按照语言学标准,媒体可分为语言媒体和非语言媒体两大类:前者以语言为信息载体,包括语音、文字、副语言(语调、口音、语气、音色、音质、音强、语速、停顿、节奏等);后者指非语言的物质媒介,包括交际者的身体动作和交际者在信息传递和意义表达中所使用的非语言手段,包括工具、环境等(张德禄,2009)。也就是说,非语言媒体包括肢体动作和非肢体媒体。非语言媒体传播的研究也是一个热门话题,因为人类生活的非语言传播现象极其丰富。

随着现代科学技术的发展,电子化、网络化的普及,新的媒体层出不穷,而这些媒体不断在各种领域内得到新的应用,从而产生新的模态。很多新模态就是这样产生的,多模态的很多新作用也是这样产生的。所以,要么是新的社会交际的需要催生了新模态的产生,要么是新媒体的产生为新模态的产生提供了良好条件,催生了新模态。但两种方式都不是孤立和分离的,而是相互联系的。它们就像是事物产生的内因与外因,交际的需要是模态产生的外因,而新媒体的产生是模态产生的物质基础,也就是模态产生的内因。

3.1.3.2 话语、多模态话语与课堂话语

话语(Discourse)。话语是一个长期以来被十分广泛地以不同目的用于不同学科和思想流派的术语,不同学科对话语有不同的理解视角和研究方法。一般来说,话语是人们说出来或写出来的语言,话语分析是指对人们说什么、如何说以及所说的话带来的社会后果的研究。话语是在人与人的互动过程中呈现出现的,因此具有社会性。话语是特定社会语境中人与人之间从事沟通的具体言语行为,即一定的说话人与受话人之间在特定社会语境中通过文本而展开的沟通活动,包括说话人、受话人、文本、沟通、语境等要素。在话语语言学里,话语是指能完整地表达某种思想或意思的文字或语言,是比句子更大的语言单位。根据符号学和语言穿梭理论,话语指的是以表述(Utterance)为基础单位的活生生的言语整体(王永祥,2010)。话语学界和系统功能语言学还常用 Text(语篇或文本)来指代话语的概念,不少学者在讲到话语分析时在 Text analysis 和 Discourse analysis 之间混用而不区分。话语、语篇、文本之间的关系比较复杂,也有争议,但不是本课题要解决的问题,所以,我们这里使用 Discourse 来指代话语。

多模态话语（Multimodal discourse）。多模态话语是相对于单模态话语而言的。根据话语涉及的模态数量，只有一种模态的话语是"单模态话语"，如收音机仅涉及听觉（言语）模态，一份文字通知仅涉及视觉（语言）模态。同时涉及两种或两种以上模态的话语就是"多模态话语"。根据社会符号学的观点，多模态话语则指在一个交流成品或交流活动中不同符号模态的混合体（Van Leeuwen, 2005）；换句话说，在一个特定的完整的话语中不同的符号资源是协同构建意义、实现交际目的（Baldry & Thibault, 2006）。张德禄则通过整合模态的两个不同标准，把多模态话语定义为"运用听觉、视觉、触觉等多种感觉，通过语言、图像、声音、动作等多种手段和符号资源进行交际的现象"（张德禄，2009）。

课堂话语（Classroom discourse）。课堂话语是话语的一个特殊类型，是话语在特定场合的使用。它是指课堂上师生为了一定的教学目的，运用一定的教学手段，通过一系列有组织、有计划、有意义的教学事件而协同构建的话语。外语课堂话语不同于其他的课堂话语，话语在这里既是一种交流手段，也是学习的工具，还是学习的目的。所以，语言和言语始终都是外语课堂话语中起着主导地位的教学媒体、教学模式和教学模态。在外语课堂教学中，文字或口语一直是主模态，但也需要通过图像、肢体动作等模态予以补充（Stein, 2000；张德禄，李玉香，2012），特别是电子科技的大量使用，外语课堂的视频、音频形式也逐渐增多，使得外语课堂的多模态话语形式变得日益增多且更加复杂。

随着现代信息技术的发展和人类交际模式的多样化，话语的多模态现象就日益显著，这就是话语的多模态化。话语的多模态化反映了媒体形式的多样性、人类活动的多维性、人脑结构的完备性和复杂性以及人类认知的多模态性（胡壮麟，2007）。

3.1.3.3 多模态话语的设计

设计是指综合利用多种交际模态进行有效交际。这一概念本来不是语言学术语，也没有出现在语言学的理论框架里。其原因是，以前的语言交际基本上都是单模态的，要么口语，要么书面语，即使涉及了多模态交际，也只是把除了这两种模态之外的其他模态作为辅助手段使用。口语的特点是即时性的，一般无法进行提前设计，即使有些需要预先准备，也大部分只需要有一个大概的思路，不需要费心设计。而书面语和需要做准备的体裁，如作文、小说、演讲，它们的体裁结构比较固定，大概套路也很清楚，也不需要十分细致的设计，只做个大纲就行。但是随着现代科技的发展，多模态交际变成一种常规，不同的模态常常同时参与交际，设计就显得非常重要了。

过去，信息交际还比较单一，还不够多不够丰富，还是"作者市场"，只要有好的作品就不愁没有读者/观众，所以作品也就不需要过于讲究设计和包装。但是现在，信息时代带来多媒体的急剧增多，各种自媒体也纷纷涌入。这是一个争夺流量、吸引眼球的时代，市场也由原来的卖家市场（作者市场）转向了买家市场（读者/观众市场），一个不起眼的语篇或者一个一般的公众号推文很快就会淹没在浩瀚的信息流里，不会活过第二天。因此，设计者就需要采用各种手段来推销自己的产品，要根据符号特殊的修辞目的，用尽各种招式来吸引那些有机会接触到该信息的人来识读和接受该信息。

设计是有意识地选择交际所用的模态，以及为模态框界的过程，也就是说，它一方面要把所需要的模态选择出来，另一方面还要把它们组织起来，形成一个模态组合整体，最有效地完成交际任务。

根据系统功能语言学观点，在社会交际中，交际者将根据其所处的文化环境和情景语境来选择意义，然后再在语言或其他模态中选择相应的词汇语法特征来体现意义。因此，对意义的选择是受语境和交际目的支配的，不是设计的结果，而对意义的选择促进了对模态的选择。所以，设计是处于意义和模态选择之间的。这样，设计不是一个层次，而是一个操作过程，即意义经过这个操作过程而体现为模态。

在多模态社会交际中，设计概念被突显出来。然而，设计不是任意和无规则可寻的，而是受许多规则制约的。设计受环境因素制约，受可使用的符号资源系统制约，还受交际目标和对象的制约。

设计过程是三个设计阶段之一（New London Group，1996），是一个从意义到设计，再到模态组合的过程，所以，也是一个从思想意识到实际话语的一个过渡过程。从单模态到多模态的转化被称为产出联通（Transduction），这个过程涉及选择，即选择什么模态或模态组合来实现设计。（Kress & Van Leeuwen，2001）

设计目标是影响设计中模态选择的主要因素，此外还有设计者的修辞立场或称为认识立场，即把被设计的交际活动看作是什么样的活动的问题。设计包括设计的边界（包括资源边界和生产边界）、设计的语法（设计要遵守的相关规则和原则）和设计的转化作用（打破模式的制约，创造新的模式和行为方式，即"再设计"）。

设计的结果是经过转换和联通而形成的新的已有资源。在多模态话语时代，设计的应用非常广泛，有很大研究潜力。

3.1.3.4 多模态话语的语法构建

多模态话语分析理论是基于Halliday的"语言是社会符号（Halliday，1978）"这一理论发展而来的。既然语言是符号系统，那么其他符号系统也应该和语言一样具有表达意义的功能。研究语言的主要方式是研究其语法规则，那么，其他模态有没有语法？或者语法是什么呢？我们是否可以通过研究其他模态的语法来发现不同符号系统在多模态话语中是如何互相协同和合作来表达意义的呢？

答案是肯定的。首次提出研究多模态语法必要性的是Roland Barthes，他在《图像的修辞》（The Rhetoric of the Image）（Barthes，1977）一文中研究了图像的意义和修辞效果，并提出图像可以表达三种信息：语言信息、本义和含义。后来，O'Tools（1994）在其《展示艺术的语言》（*The Language of Displayed Art*）一书中开始研究多模态语法，他根据Halliday的系统功能语言学理论中关于语言体现三种意义的思想，提出展示艺术品也同样实现三种意义：表现意义、情态意义和组篇意义。

因此，如果我们能为每一个模态建立一个语法系统，我们就可以以语法为基础把各个模态联系起来，并据此探讨它们之间的协同、互补和交叉等关系。

要建构多模态语法系统，首先要确定的是，这个模态是两个层次的符号系统还是三个层次的符号系统，只有三个层次的符号系统才有必要为其建构语法系统。然后再探讨它们的词汇语法系统和媒体系统。比如，语言就是一个由三个层次组成的符号系统：词汇语法系统（包括词汇和语法）、媒体系统（包括音系系统和字系系统）和意义系统（包括概念意义、人际意义和语篇意义），这三个层次的系统是各自独立的。其次，要看该模态是什么类型的符号，如果是图像符号，即使是三个层次的符号系统，也没必要为其建立语法系统。最后，要考虑符号系统的维度，不同维度的符号系统具有不同的语法模式，因此就有不同的语法系统。所以，要看该符号系统属于哪个维度。

符号维度分三级，一维符号系统是线性的，如语言；二维符号系统是平面的，如图像；而三维符号系统是立体的，如房子。

要建构多模态语法系统，还要探讨模态的语法结构关系。根据 Kress 和 Van Leeuwen（1996/2006）的观点，有三个解释符号结构的方式：框界、信息价值和凸显。在这三个组篇机制的帮助下，二维和三维符号系统语法的建立就可以通过以下步骤来确定：整体切分为部分，部分组成模式是否模式化，部分与整体之间的系统关系，以及每部分符号的功能结构。另外，符号还有动态和静态之分，动态符号系统受时间控制，所以，也可以以时间为主要切分单位。

符号语法的构建过程，从下到上是物质实体转化为符号的过程，即物质实体的符号化；从上到下是语法如何体现意义的过程，即意义的语法化。语法构建首先要做的是物质实体的符号化，把实体区分为不同的媒体，然后再进入语法化的过程。符号的语法有如下特点：多成分性、多维性和生成性。

3.2　多模态与英语教育教学

3.2.1　英语教育教学现状

这里的英语教育教学现状，主要是指大学英语教育教学现状。我国高校的大学英语教育多年来取得了喜人的成就，为国家的建设与对外交往培养了大量优秀人才。大学英语教育是个系统工程，牵一发而动全身，每推动一项改革，都会涉及课程设置、教学方法、教学评估、教学管理等方方面面的调整（文秋芳，2012）。以下分为三部分进行说明：大学英语课程设置情况、大学英语课程教学四要素（学生、教师、教学内容、教学媒体）分析和大学英语教学模式。

3.2.1.1　大学英语课程设置情况

在英语中，教学大纲有 Curriculum 和 Syllabus 之分，前者常指"教学内容、教学方法和教学评估的总和"（Tyler，1949），是教学的总体规划。而后者则常指属于具体课程的教学大纲，它的主要成分应为课程的主要内容。课程设计是国家教育行政部门为指导外语教学而颁布的纲领性文件。大纲制定外语教育专家对语言教学所要达到的水平或能力的规定以及对教学内容和教学方法的描述，是具体要求。而我国大学英语课程设置是课程设计和大纲制定两者的结合。

近年来，我国的大学英语教育政策从《大学英语教学大纲》到《大学英语课程教学要求》再到《大学英语教学指南》，已经产生了很大的变化。产生于1980年的《大学英语教学大纲》于1985年和1999年分别进行了两次修订；发布于2004年的《大学英语课程教学要求》也于2007年和2016年进行了两次修订，而《大学英语教学指南》是2020年最新修订的。根据《大学英语教学指南》的要求，大学英语教学在五个方面进行了重要修订，分别是课程思政、教学要求、教学内容、教学方法与手段和教师发展方面。

因此，大学英语的课程设置要从必修课与选修课两个方面进行讨论。

其一，大学英语必修课程设置情况。根据郭万群教授所做的一项调查，2000年以来国内高校大学英语课程设置在学分、学时、课程类型方面都有一些变化。他们对比了2000年和2015年的课程特征在以上三方面的变化。结果是，在我国高校普遍压缩学时学分的大形势下，大学英语必修课的学时和学分也普遍减少了。而且，有的学校在这方面减少的力度还比较大。尽管如此，大学英语作为一门必修课的地位没有动摇，大学英语教师在教学过程中越来越重视培养学生的综合英语应用能力和跨文化素养等核心素养。

而课程类型的变化,主要以综合英语课为主,英语视听说课程为辅,重视听、说、读、写译综合能力的培养。在网络学习方面,很多学校都加强了大学英语网络自主学习中心的建设,保障学生课外基于网络的自主学习,有的高校甚至还通过购置或自主研发大学英语学习系统,并将学生的学习进度和效果纳入学生评价体系内。

其二,大学英语选修课程设置情况。近年来,我国大学英语课程设置出现了两种完全不同的观点,一种是把大学英语当成英语专业来教,另一种是坚持大学英语应该为学生的专业学习服务(蔡基刚,2014)。

持前者观点的学校,会参照英语专业的课程设置和教学模式来开展大学英语教学。他们除了在基础阶段开设综合英语和视听说等必修课以外,在大学英语的提高阶段还会为学生开设各种以提升英语应用能力为目的的课程,像英语报刊选读、英语影视欣赏或英语翻译等。根据蔡基刚2010年对我国65所高校大学英语在基础段综合英语学完后所开设的选修课程统计,这类大学英语提高阶段的课程设置和教师安排等已经很难区分大学英语和专业英语了。这样,除了学分和学时的区别以外,非英语专业的学生可以和英语专业的学生选同一门选修课,坐在同一教室。这一现象的出现是由于大学新生入学英语水平的普遍提高,大学英语综合英语必修课学期数的减少,以及通识英语选修课程的增加而得到越来越多高校的认可(蔡基刚,2014)。

持后者观点的大学认为,大学英语教学应当为专业学习服务,培养学生用英语开展专业学习和研究的能力以及毕业后用英语从事某种涉外职业的能力。持这种观点的学校,在大学英语提高阶段选修课程的设置方面,虽然各自不同,但关注点都放在了专门用途英语(English for Specific Purposes,ESP)的课程设置上了,各类院校根据专业特色和发展定位开设了各种各样的ESP课程。如服务于研究型本科人才培养的学术英语写作、科技英语阅读、管理科学英语、网络科技英语、法律英语等各类学术英语课程,以及服务于应用型本科人才培养的涉外律师行业英语、知识产权行业英语、建筑行业英语、汽车行业英语、会计行业英语、IT行业英语、酒店管理英语、机械制造行业英语等各类行业英语课程。

上述两种截然不同的大学英语教学观集中反映在课程设置上，是不同教育理念的体现。大学英语是采用英语专业的教学模式，还是坚持为专业学习服务？或者取其中，以某种取向为主，兼顾另一种取向？各个学校的答案可能不尽相同。但是，随着经济全球化、文化多元化、教育信息化、英语国际化的不断深入，我国基础教育水平也不断提升，随着大学新生在入学时的英语水平的提高，各高校不断深化大学英语教育教学改革，专门用途英语（ESP）越来越受到重视，在对大学英语必修课设置进行改革，切实提高学生英语综合应用能力的同时，纷纷加强专门用途英语（ESP）选修课建设，重视通用英语（English for General Purposes, EGP）和专门用途英语（ESP）之间的交叉融合，加大大学英语课程体系建设的力度，发展校本特色的课程体系，更好地服务于本校专业人才培养。

3.2.1.2 大学英语课程教学四要素分析

大学英语课程教学的四个关键要素是学生、教师、教学内容和教学媒体。

其一，学生。

随着大学新生入学时的英语水平的不断提高，学生对自己的英语综合能力的目标和要求也不断提高。现在的大学新生都是基础教育实施新课标之后开始学的英语，所以他们在学习目标定位、学习理念、学习动机、学习方法和学习条件等方面都有明确的特点和优势。

这些大学生学习英语的目的很明确，就是通过大学英语的学习，提高自己的英语综合应用能力，从而在将来的学习、工作和社会交往中能够用英语进行有效交际。同时，在经济全球化、文化多元化、交流信息化的背景下，学生也需要提升自己的核心素养。而基于"新课标"的基础教育，使这些大学生在学习理念、学习动机、学习方法等方面具有非常明显的优势。他们把英语学习与自己的职业生涯规划紧密结合起来，力求把自己培养成具备基本英语素养和跨文化素养的二十一世纪的公民。因此，他们能够根据自身认知特点和发展需要，选择个性化学习方式，运用学习方法和学习策略，最大限度地发展个人潜能，提高用英语获取信息、处理信息、分析和解决问题的能力，增进跨文化理解和跨文化交际的意识和能力。他们受建构主义学习理论的影响较深，能够把

学习当作自己主动建构知识和意义的过程（杨敏，2004）

学生的信息素养也很高。目前的大学生基本都是00后，他们是随着互联网快速发展而成长起来的新一代，是典型的"数字原住民"。他们在网络信息技术的时代成长，新思想、新技术对他们的影响很大，依靠信息技术进行意义建构和知识创新的意识很强，强调真实的体验，强调学会学习、学会合作的学习过程，强调知识的过程性和完整性。（郭万群，杨永林，2002）

在大学英语教学过程中，小班授课越来越多了，很多学校多以专业自然班作为授课班级，每班在30—40名学生之间。除了课堂教学之外，学生课外学习方式也丰富多彩，学生可以在图书馆、宿舍等很多场所采用各种媒体方式，开展多媒体多模态的学习，看美剧、听英文歌曲、看TED演讲等，使用电脑、手机、iPad等电子设备通过APP、小程序、网站、微信、QQ等社交软件上各种各样的英语课，学各种知识，甚至可以和校内的外国留学生进行互动，或者通过网络与海外的朋友进行交流和学习。总之，高校的学习氛围和文化氛围都很浓厚，学生可以通过各种渠道学习英语。

其二，教师。

教学活动涉及教师和学生两个主体。学生是学的主体，在以学习者为中心的教育理念下，充分发挥着学生中心的地位和作用。而教师在教育过程中起着主导作用，大学英语教师队伍建设对于深化大学英语教育教学改革至关重要。

这里所说的教师，不仅仅是指Teacher，而是应该包括教育管理者在内的教育工作者，是Educator的概念。

近年来，大学英语师资队伍不断壮大，学历层次和专业水平也有很大的提升，随着老教师的逐渐退休，现职教师大多数是硕士以上学历，新入职的教师必须是博士以上学历，有海外留学和工作背景的教师也占一定比例。很多重点高校要求教师必须通过各种方式到国外访学深造，否则在职称评定和提拔任用等方面就会被一票否决。另外，高校的外籍教师队伍也是一支不容忽视的英语教育力量。特别是在中外合作办学项目和某些民办特色学校，外籍教师甚至成了大学英语师资队伍的主力军。

为了确保大学英语教师队伍的健康有序发展，各校大学英语教学部门正在不断完善制度，改进工作机制，通过教师团队建设进行教改和教研，加强观摩教学、师资培训与学术交流等形式，提升大学英语教学团队的整体水平。而且在科研方面，大学英语教师也不断探索，发表了不少论文和专著，也出版了不少校本特色教材。

但是，随着大学英语课程体系改革的不断深入，大学英语教师队伍也出现了一系列难题，面临很多挑战。例如，大学英语教学改革正从通用英语（EGP）向专门用途英语（ESP）转型，急需一批具有专门用途英语（ESP）背景的双师型教师队伍（蔡基刚，2012）。他们面临着职业转型的挑战，不仅仅要讲授传统的语言技能，还要根据学生的专业学习和就业需求，给学生开设各类学术英语（English for Academic Purposes, EAP）或职场英语（English for Occupational Purposes, EOP）。但高校目前缺乏行之有效的专门用途英语（ESP）师资队伍建设规划与举措，大多数英语教师对专用英语有畏难情绪、不愿转型，而且双师型师资在学科专业归属、职称晋升等方面还缺乏政策支持、鼓励与引导，因此，合格的专门用途英语（ESP）教师非常短缺。

应当看到，大学英语教的主体是大学英语教师，但是还离不开教学管理者的参与。所以说，大学英语教学的主体有教师、学生和管理者三个。而且，在我国体制中，管理者的作用往往更大一些。管理者既有高等教育各级各类主管部门，又包括大学英语教学部门的主管，甚至还包括一些学术机构。这些管理者主体是大学英语教学改革的决策者、组织者、管理者，他们是大学英语教学改革的决定性因素之一。如大学英语四六级考试的命题、运行、组织和评价直接影响了大学英语的在各校的实施。还有包括大学英语的性质和定位、学时/学分分配、教学资源配置、教学改革立项、学生分级分班、课程排课、教学场所安排、师生教学竞赛资助、教学和科研奖励、各种考试注册以及各种证书发放等等。

因此，这里所说的教师，是指教师主体和教育管理部门一起构成的教育合力，是教育工作者。

其三，教学内容。

根据《大学英语教学指南》（2020版）的要求，"大学英语教材编写的指导思想应体现新时代要求，体现党和国家对教育的基本要求，服务高等教育教学改革和人才培养，反映人类文化知识积累和创新成果"。可见，大学英语教学的主要内容是英语知识、听说读写译技能以及英语文化知识和跨文化交际技能。

另外，随着计算机技术和网络信息技术的发展，大学英语教学模式和内容在教材载体上也不断更新和升级，除了传统的纸质教材外，学生还有很多其他渠道进行英语学习，利用国内外的资源进行自主学习。这种多元化、多渠道的教学资源突破了传统教材的局限性，立体化、数字化、网络化的教学内容和教材体系为大学英语教学提供了更广泛的教学资源，更好地满足了新媒体时代学生的个性化学习需求。

同时，文化素养也成为大学英语教学的重要内容。在新媒体时代，即使是读写能力，也较传统内容发生了很大的变化。现在要求学生掌握的读写能力，不仅仅局限在使用正确上，还要求更加充分和全面地交流和表达意义，需要进行一定的多模态表达和设计。自媒体的存在使人人都可以成为写手和作家，人人都可以创作。所以，在教学内容上，就有更多的内容需要学生掌握。

因此，在数字化的新媒体时代，教材的概念已经改变，逐渐被教学资源代替。教学资源建设成为大学英语课程建设的核心内容之一，它不仅决定着学大学英语课程的教学内容，也是教学观念的反映。"一本书，一个讲台，一支粉笔"的传统教学模式已经成为了历史。我们作为新时代的教师，其权威性已经受到了挑战，时代呼唤我们转型，成为信息化发展过程中的符号要求的新型教师。

其四，教学媒体。

随着新媒体新技术的迅猛发展，教学媒体这个要素变得越来越重要了，极大地影响了其他三个要素。

近年来，高校大学英语课堂教学条件和学生自主学习条件都发生了巨大的变化。多媒体教室、网络教室、数字化教学大大普及，大学英语教学资源的多元化和数字化，促进了学生的个性化学习和交流。

课堂教学中，教师可以利用各种教学设备和教学形式，PPT是最基本和最常见的展现方式，视频、音频、图像、音乐等在课堂上的利用率也很高。多媒体播放系统、手机、iPad等移动设备，都是课堂常用的教学媒体。课堂教学模式和资源大大增加了。

学生的课外学习更加丰富多彩。微课、慕课、翻转课堂等教学形式使得学生可以接收到更多的教学信息资源，学生随时随地可以进行多媒体、多模态的自主学习，移动学习既灵活又方便，满足了学生的个性化需求。另外还有各种社交软件如：微信、QQ、视频号、公众号、小程序、抖音等，使得学生的学习方式和渠道更加多元化和方便快捷。

一系列的实验研究表明，文字、声音和图像三种方式结合的多模态学习方式有利于提高学生的学习效率。因为在这样的活动中，学生综合利用了视觉、听觉等感官进行了多种符号信息加工和处理，而图像与声音比文字更形象、生动，更能引起学生的注意。多模态学习即运用视觉、听觉和言语等多种模式同时进行学习，有利于减轻学习者的认知负荷，加强学习的持久性，有利于改进学习效果（顾曰国，2007）。

近年来，随着信息技术的不断发展，各校纷纷改善大学英语教学条件，不仅普及了多模态课堂教学，而且也建立了大学英语多模态网络自主学习中心。积极探索基于计算机网络的英语教学改革，开展基于网络的大学英语听说、写作等实训课程的教学实验。这种立体化、多元化的教学资源构建拓展了学习者意义表达和建构方式，促进了教学内容的多元化，使学生能够进行真实的、有意义的英语学习和多模态的体验。

3.2.1.3 大学英语教学模式

关于教学模式的概念，不同专家给出不同的定义。但任何一种教学模式都应该是在一定理论的指导下，完成规定的教学目标和内容，并且具有一定的教学活动序列及方法策略。教学模式一定会涉及教学方法和教学策略，但又不同于某一种教学方法或者教学策略，而是指教学过程中两种或两种以上的方法或者策略的稳定组合和运用。何克抗、吴娟（2008）指出：在教学过程中，为了实现某种预期的效果或目标，往往要综合运用多种不同的方法或策略，当这些方法或策略协同达到预期教学效果或教学目标时，就成为一种有效的教学模式。

根据《大学英语教学指南》（2020版）的要求，大学英语教学模式是要建立一种基于计算机与课堂的模式。这种新型教学模式强调个性化教学与自主学习，并充分发挥计算机网络技术帮助学生强化语言技能训练，结合教师课堂讲授和辅导，使学生可以在教师的指导下，根据自身的水平、时间，自行选择合适的学习内容和学习方法，借助计算机网络通信技术较快地提高英语综合应用能力。

学生的听说训练可以在计算机上进行，因为计算机的优势，学生可以反复练习，反复纠错。学生在计算机上进行学习，结合教师在课堂上的讲授和辅导，就可以达到很好的听说训练的效果。但是同时也应该注意，基于计算机的教学还只是辅助教学形式，不能替代教师的课堂教学。只有把二者有效整合，才能有效提高课堂教学效率。

教学模式来自教学理念，教学理念来自教育理论。在基于计算机与课堂的大学英语教学实践中，很多高校的一线教师纷纷从应用语言学、教育学、教育技术学、话语学、符号教育学和教育生态学的不同学科理论出发，或者是综合运用了不同学科理论，探索了各具特色的教学模式，深化课堂教学改革，产生了很多教学改革的成果。

然而，在多媒体技术与大学英语教学融合的过程中，虽然普遍认同这种做法，但也出现了一些不同的声音，有的专家提出了质疑。有专家指出，这种基于计算机和课堂的多媒体教学模式所暴露出来的"重技术轻教育""重娱乐轻能力"的倾向令人担忧。然而，随着科学技术的发展和其在教育教学领域的应用，慕课、SPOC、微课和翻转课堂等基于互联网的、多模态的教学形式不断涌现，极大地丰富了教学资源，拓宽了学习方式和学习渠道，形成对课堂教学的良好补充。这些都将促进大学英语课堂教学进行改革，也使得大学英语教师更有使命感和责任感，切实践行《大学英语教学指南》（2020版），提高大学英语教学质量。

3.2.2 英语教育教学的多模态发展

自 21 世纪以来,国外学者就开始在教育领域里进行多模态研究。首先是 New London Group(1996)开创了多模态研究应用于语言教学的先河。他们认为,培养学生的多元读写能力(Multiliteracy)和多模态意义构建是语言教学的主要任务。然后,Kress & Van Leeuwen(2001)研究了模态与媒体的关系,探讨了多种模态有规则地表达意义的现象,而且提出了多模态环境下多元读写能力的培养设计方案和应用原则(Kress et al., 2001)。Mills(2006)通过观察18 天的课堂教学和与学生半结构性访谈的方式探讨了多模态课程设计的具体方案。

在我国,胡壮麟教授和朱永生教授在 2007 年分别对多模态话语从符号学和话语分析的角度进行了深入的论述,并探讨了多模态教学对我国教学改革的启示(朱永生,2008)。顾曰国(2007)区分了多媒体学习和多模态学习两个概念,并根据认知心理学对多媒体和多模态学习总结了 5 个假设,提出用角色建模语言来构建学习行为模型。张德禄(2009)从多模态话语交际框架下讨论现代多媒体技术在外语教学中的作用。

基于互联网的信息时代,外语教学是一种多模态的信息传播过程。多模态教学是指在多媒体环境下,教师的口语、声音、体态、动作等意义建构手段协同成为最有效的意义表达方式,并指导学生利用多模态手段建构意义,进行交际,从而共同实现教学目标。

多模态外语教学法是由 Stein 提出的,他指出:多模态教学法突出了身体和大脑通过多模态和多感官协同参与交际的不可分割性。多模态教学法要求教师设计多模态任务,学生在完成多模态任务的过程中综合运用多模态。

随着计算机技术的发展,多模态外语教学逐渐与计算机技术相结合。Royce 研究了不同符号在多模态话语中的互补性以及在第二语言课堂教学中多模态的协同性等,他主要研究教师如何在教学中运用教材和其他教学资源,加上计算机所呈现的视觉、语言和其他模态来帮助学生发展多模态的交际能力。Royce 还提出了"多模态教学方法论",并将其应用在外语教学的听、说、读、写各项技能上。

随着网络技术的进一步发展，多模态外语教学的研究也有了新的进展。Reid 指出：在网络信息与多媒体教学的环境下，多模态教学是师生利用各种感官来获取认知和传递信息的手段和方式。多媒体教学环境由文字、图片、音频、视频、PPT、网络等工具集合而成，帮助人们利用多模态如语言和体态等提供、获取和感知信息和知识。对于学习而言，多模态认知和感知手段包括听觉学习（听教师讲、听学生回答、听音频材料）、视觉学习（看 PPT、看视频、看板书、看教材、看教师体态语）和触觉学习（又分为体验学习和动手操作学习，包括手工制作和盲文等）。

改革开放以来，我国英语教学取得了长足进步，为我国培养了大批优秀的外语人才。然而，随着社会的发展和进步，传统英语教学已经不足以满足社会对人才的需要。而多媒体技术的应用极大地丰富了外语课堂教学，改善了传统教学的弊端。而随着网络技术的发展，多媒体技术逐渐与网络技术相结合，诞生了一种新的多模态外语教学模式，它更加灵活多样，方便快捷，多方位、多渠道、多功能地把语言教学呈现出来，大大激发了学生的学习兴趣，提高了学习效果和教学质量。

3.2.3　英语教育教学的多模态协同关系探索

对多模态教学中不同模态之间的协同关系进行探讨是非常有必要的。在社会交往过程中，更常用到的是多模态而不是单模态，是因为多模态能够更充分、更有效地表达说话者的整体意义。根据交际目的和语域的不同，不同的说话者会表现出不同的整体意义特征，如动态性、静态性、抽象性、形象性、行为性、关系性等，而这些特点中，有的更适合用口语实现，有些更适合用文字体现，还有些更适合用图像图形体现，或者动作、声音来体现。而我们熟悉的课堂教学是一个复杂的过程，需要吸引学生的注意力，就需要根据这些不同特点来确定用口语、文字、动作手势、图像图表或者动画等不同的模态来设计教学。因此，我们要探讨不同模态是如何协同合作来共建语篇意义的。

典型的多模态话语模式是一种模态的话语不能充分表达其意义，或者无法表达其全部意义，需要借助另一种来补充完成，这种模态之间的关系被称为

"互补关系",而把其他的称为非互补关系。真正对模态之间相互关系进行研究的是 Royce（1999），他研究了 *Economists*（《经济学人》杂志）中视觉模态和语言模态如何在意义上互补而产生一个语篇的现象，提出了一个描述性分析的框架。该框架把模态选择分为两个层次，即语言外及视图外层次和语言与视觉符号层次。语言外和视图外层次实际上就是文化语境，是十分笼统的概念，是背景和资源。

要讨论多模态语篇中模态之间的协同关系，就必须要和体裁概念结合起来，因为语篇的体裁是直接和语篇的交际目的联系起来的，不同的交际目的需要不同体裁的语篇，也需要不同的模态组合来体现。体裁概念在语言学中一直是单模态的，但实际上，任何体裁都可以是多模态的，如论文中的图形图表，故事书中的插图，电影中的音乐，台词、动画等。

Kress（2004）曾在探讨理科课堂教学中文字与图形的关系时也探讨了多模态对体裁的认识，他认为，多模态语篇可以看作是混合体裁（Mixed genre）（2004），在混合体裁中，不同的世界由不同的模态来表现。他同时也探讨了模态成分之间的不同逻辑关系。

此外还有 Halliday 的相互依赖关系和逻辑语义关系，Lim Fei 的图文关系理论框架，张德禄提出的模态协同关系及其理论框架，再加上多模态体裁结构潜势理论，这样就基本构建了多模态话语不同模态之间协同关系的整体理论框架。

要探讨大学英语课堂多模态协同关系，其落脚点就应该在课堂教学上。因此，我们选取了两节大学英语课堂教学案例，观察其课堂教学情况，探讨不同模态在教学中的作用以及它们之间的协同关系，进而探讨英语教育教学的多模态协同关系。

3.2.3.1 课堂教学描述

两节教学案例均来自山东省烟台幼儿师范高等专科学校，学生来自"3+4"小学教育专业本科一、二年级的两个班，一个班为语文专业方向，另一个班为英语专业方向。教师为两位 30 多岁的青年女教师，课程为大学英语（二）（语文方向）和综合英语（四）（英语方向）。

两个班的教室布局很相似，有前、后门，前门进去的墙上有黑板和嵌入的希沃智能教学系统的白板，离墙半米是讲台，讲台上是讲桌和控制教学系统的插电卡。学生的桌椅共三列，在距离讲台不到半米的地方开始成排摆放，后墙立着一排柜子，柜子距离学生桌椅有一米多的过道，供师生从后门出入。其中一个班级40人，另一个班级42人。

两个教学案例中，教师的教学形式基本相似。首先是教师的讲解，其中包括PPT展示主要教学内容，中间穿插着师生之间的几组问答，之后有小组讨论和几个同学到讲台的展示等多种形式。所展示的PPT不仅包括文字和图片的幻灯片播放，还有视频和音频文件的播放。两个案例中的教师都把口语中提到的生词板书到黑板上了。

语言交际通过课堂口语和PPT上的书面语两种媒体进行，即语言话语的媒介为声音和书写符号。视觉部分除了PPT播放之外，还有观察教师的动作、表情、口型、手势和移动等。就模态而言，语言模态涉及的是口语和书面语，非语言模态主要指声音、表情、动作和场景。

两个案例中，教师课堂语言以英语为主，汉语为辅，英语使用率在80%以上。语言以口语为主，而且发音准确、清晰，声音洪亮。表情轻松自然，但很少微笑。教师大部分时间是在讲台上面对学生，有时面对白板和PPT。案例一中的教师手持课本，这限制了她的手势动作，案例二中的教师走到学生中间的时间稍长一些。

案例一所选的教学内容是上海外语教育出版社《大学英语精读》第二册中的"Lessons from Jefferson"，案例二中所选的教学内容是综合英语第四册第一单元的课文，是 Winston Churchill 的演讲 *Never Give Up. Never, Never, Never*。两个案例的教师都遵循了以下6个程序：(1)热身和教学目标展示；(2)导入新课；(3)作者介绍和课文结构分析；(4)课文语言点学习和操练；(5)小结和课堂评价；(6)作业布置。在2课时90分钟的教学过程中，两个案例的各个步骤所占的时间比例基本一致。

教学模态主要涉及视觉模态和听觉模态。听觉模态包括教师讲，学生听；学生回答和汇报，教师和其他学生听；视频和音频的声音等。视觉模态是学生观看 PPT 上的文字、图片和动画；观看教师播放的视频文件；教师授课时的动作表情；其他学生的动作表情和小组活动等。在这两个案例中，虽然教师的口语是课堂的主要模态，但两位教师都或多或少地在一些必要的环节中设计了与语篇相关的视觉和听觉模态，目的就是辅助和配合口语主模态的发挥和效果。例如，在导入环节，两位教师都通过短视频的形式让学生观看了 Jefferson 和 Churchill 的珍贵录像资料，进而了解该作者，了解本课。在课文语言点学习和操练环节都有教师互相问答的活动，并组织了小组讨论的形式，讨论过后也都派代表做了小组汇报。在布置作业的环节也都给学生展示了两篇范文供学生参考。总之，两节教学案例在很多方面都很相似。

3.2.3.2 课堂教学分析

众多的教学案例表明，多模态的广泛应用已是外语教学发展的必然趋势，单纯地使用黑板作为教学工具和口头传授知识的方法已成为历史。教师在课堂教学中使用 PPT 等辅助媒体丰富、补充和强化教学内容，不仅给教师的"教"带来了便利条件，而且也为学生的"学"提供了多元化的便利和可能。通过多模态的外语教学，教师借助多种媒体手段，围绕特定语篇的文化语境，在课堂上创建若干个具体情景语境，通过语言与非语言的表达以及各个模态之间的相互作用，有效地帮助学生实现语篇的建构，实现对语篇的概念意义、人际意义和语篇意义的合理解读和对语篇背后文化语境的深切体会。

在解析语篇文化语境时，两位教师都做到在口头讲解的同时，使用播放视频短片和 PPT 展示等多种模态参与的辅助形式，并在此过程中加上小组讨论、代表发言以及教师问学生答的教学方式，创建了多个具体的文化情景小语境，帮助学生了解语篇涉及的文化内容，梳理语篇的结构层次，学习段落写作的方法，有效地激发了大部分学生对该语篇话题的兴趣和关注，以及他们对语篇文化背景知识的掌握和语篇传递的思政元素的感知。

在这两个案例的语篇教学的关键环节中，多模态呈现发挥了重要作用。多模态的课堂教学不仅有助于教师在有限的课堂时间内为学生提供足够的信息，为他们呈现清晰的篇章发展脉络，而且多种模态形式所创建的具体生动的情景语境，使学生对语篇内容和文化产生兴趣。多种模态形式的协同作用可以

"将语言与其他意义资源整合盘活,不仅看到语言系统在意义交换过程中所发挥的作用,而且看到其他符号在该过程中的效果,从而使话语意义的解读更加全面、准确、到位"(孙毅 2012)。

多模态研究不仅要看课堂的语言文字、PPT展示和视频音频的播放,还要看课堂的整体生态环境及课堂师生的整体表现。两个教学案例中,案例二的课堂效果要优于案例一。究其原因,其一是学生英语水平的差异影响了教学效果:案例一的学生是语文方向的大一学生,案例二的学生是英语方向的大二学生;其二是两位教师的位置移动、表情和语言的生动性有区别:案例一的教师活动区域主要在讲台附近,走入学生中间的次数和时间非常有限;而案例二的教师频繁走入学生中间,与学生有更多交流,并有微笑、拍肩等表情和动作与学生互动,鼓励和监督了学生,拉近了师生关系。这种师生的互动和谐关系也是建构多模态课堂的又一个重要因素,影响着课堂的组织实施和教学效果和质量。

3.2.3.3 课堂教学反映的问题

首先,教师方面的问题。张德禄(2015)曾经指出:多模态符号的使用不是任意的,而要考虑各种模态符号在表达意义上的关系。在外语教学中,对多模态的选择需要遵循工具性原则、助手性原则和补充性原则。教师口语是课堂教学的主要模态,因此,教师的口语表达决定着课堂教学的成败。两个案例中,教师的课堂口语应该说不是能力问题,而是情感态度的问题。教师课堂的精神饱满程度往往受情绪影响,而情绪往往是受学生的表现而影响的。学生学习态度过于散漫、注意力不集中、课堂抬头率不高等情况而影响了教师的上课情绪,加上有些学生的听说能力有限,师生课堂交流和互动不够充分,导致教师课堂积极性不高,精神不够饱满,缺乏激情,因而也就影响了课堂口语的有效性和感染力。还有一个问题是,教师对媒体和工具过分依赖,大量使用了PPT和视频音频等教育技术手段,反而削弱了教师自身的课堂主导地位和主动性的发挥,多模态的整体设计上还有过杂、过多的情况,不利于学生的知识掌握和能力提升。

其次,学生方面的问题。学生的问题主要反映在课堂表现上,他们普遍上课积极性不高，而这既与他们的英语学习兴趣和主动性有关，也与各种娱乐形式和手机的普及有关。虽然课堂的多模态化有助于激发学生的学习兴趣，改善学生的学习态度，提高学生的学习主动性，但却不能保证解决一切问题。特别是现代科技带来的信息爆炸和全民娱乐的风气，也影响和改变了学生的学习习惯。学生课堂上各自低头看视频、听音乐、打游戏、逛淘宝、聊天等现象比较多，这已经是各高校课堂教学的顽疾了。学生课堂玩手机现象影响了他们课堂的积极性，也影响了他们的学习效果。多模态教学虽然可以在一定程度上缓解这一问题，但还需要一些规章制度和限制手段，才能保证课堂教学的有效性。

最后，教学环境方面的问题。教学环境主要指教室和教室的布局。教室存在的主要问题是容纳学生数量过多、格局布置缺乏灵活性以及教学设备缺乏维护等。目前，很多学校还在使用传统的教室布局形式，桌椅成排摆放。这种教室格局受学生数量增多的影响，使教室空间显得异常拥挤。班级容量过大（每个班级人数在40—50人）和教室座位不方便调整等问题使得很多教学活动的开展受到限制。例如，学生小组讨论和小组活动无法自由地进行，教师的许多教学设计和教学思路也受到教学空间和教室格局的制约，这都间接或直接地影响了教学效果。

由此可见，多模态已成为外语课堂教学普遍使用的模式，合理地利用多模态模式将对课堂教学质量和效果产生积极影响。

3.3　多模态视角下的英语教育教学实践探索

3.3.1　英语视听资源的多模态呈现方式

3.3.1.1　视听资源与字幕呈现

在多模态的众多教学资源中，视频资源是英语教师在课堂中使用频率最高的，前文中我们提到过，很多视频资源在课堂中呈现时，学生接收和解读信息的能力达不到教师预设的结果，因此，视听资源的呈现方式需要调整。以下为大家介绍如何在英语课堂教学中将视频与文本结合进行多模态方式的呈现。

以综合英语第二册第八单元"Focus on Global Warming"为例,教师在进行背景呈现时,从BBC新闻中找到一个有关全球变暖的视频,这个视频的优点是契合文章主题,但缺点是没有字幕,那么接下来我们要做的就是对这个视频进行深加工。加工的过程中需要用到以下材料和工具软件、教学视频、该视频的文本内容一份(TXT记事本格式文档)、视频播放器(QQ影音)、字幕制作软件(Time Machine)、视频格式转换器(Total video converter)。视频制作后我们要达到的效果是视频在播放中能同步呈现旁白的文字,这个视频的呈现方法主要是将视频文件与外挂字幕文件进行组合播放。外挂字幕文件的格式通常为,可在带有字幕插件功能的视频播放器(如暴风影音、QQ影音等)上呈现。我们在欣赏一些影片时,通过视频播放器的字幕设置可以选择呈现不同的语言,这是因为这些影片同时带有多个语言版本的字幕文件。目前,SRT是最流行的一种字幕文件,对于广大一线英语教师来说,也是最容易操作的一种视频文本。SRT本质是一种文本文件,因此,可以通过电脑上的记事本程序打开并编辑。字幕文件中,每一行字幕内容上方是起始的时间标记和序号,起始时间和序号并不会显示在视频当中,只有字幕的内容才会在播放的时候显示出来。字幕的制作可以通过Time Machine字幕制作软件来实现。下面我们将详细描述如何将视听文本转化为文件。

首先准备好该视频所需要的文本内容,保存在记事本的文档当中,然后根据该视频资源的旁白的语速,结合学生的水平特点,对所需要显示在一个画面上的文字进行断行的处理。两行之间最好不要留行,一般情况下,显示在视频画面上的旁白文字最多不能超过两行,以免给学生在视听过程中造成阅读障碍。断行处理字幕后,对字幕文本进行保存,保存后关闭该文件。然后打开Time Machine字幕制作软件,点击左边栏目当中的导入文本,选择保存好的字幕文件,点击打开。在导入方式里面选择,每行识别为一行时间轴,点击确认。文本导入之后,在字幕列表当中可以看到每一行字幕均被导入,字幕前面的开始时间和结束时间还没有定义。点击菜单栏当中的保存字幕,对这个字幕文档进行保存,接下来在菜单栏的视频当中,点击打开选项,选择要播放的视频文件，然后打开。这时教师需要注意视频的格式，应该为 Time Machine 软件所支持的媒体格式。使用鼠标点击第 1 行字幕，然后点击视频播放按钮，开始播放视频。教师需要根据教学需要和视频的旁白时间在需要显示相应文字的时候，按键盘的 F8 键定义开始时间，按键盘的 F9 键定义结束时间。整个过程教师只需要点击键盘的 F8、F9 键就可以完成操作，因为每定义一行就会自动跳转到下一行。全部完成后就可以关闭该软件，点击确定保存。这时播放视频文件，同时把字幕文件拖放到视频播放窗口，字幕的内容就能够在视频上显示。

3.3.1.2 调整多模态视频字幕的样式

在实际的课堂中，因教室的场地和条件不同，视、音频播放器的效果不一定能够满足课堂呈现的要求，如字体大小、在画面的位置上有时具有特殊的要求。很多网络上的视频资源要么是没有字幕，要么是字幕过小，导致教室后排学生无法有效参与到教学活动中。教师可以利用视、音频播放器的字幕样式功能，根据课堂要求将字幕调整到合适的大小和位置。QQ 影音是一款常用软件，我们以 QQ 影音为例，用鼠标右键点击视频的画面，依次点击字幕字体样式，教师可以对字体、字号、颜色、描边等进行设置，特别是字号，可以调整到学生能够清晰阅读的大小。另外，教师还可以点击效果设置，拖动字幕位置下方的滑动条，这样就可以使文字出现在屏幕的上方，规避教室后面的学生无法看到底部的文字的问题。通过这样的方式，教师完全可以根据自己的需求进行具体的调整。

3.3.1.3 修改多模态教学视频字幕文件

由于 SRT 文件本质是文档文件，点击右键选择打开方式里面可以选择记事本打开，如果记事本没有显示出来，我们可以选择默认程序当中的其他程序找到记事本即可。或者可以直接打开记事本，把字幕文档拖放进去就可以打开了。使用记事本把 SRT 字幕文件打开之后，我们可以很方便地对它进行再编辑，可以再编辑的地方包括修改字幕出现和退出的时间、修改字幕的内容等。

比如，教师要准备一节公开课，需要对某段字幕添加授课教师的信息，教师可以在第 1 行字幕文件输入教师的基本信息。为了避免显示错误，最好把已经有的时间码先复制一下，然后在此基础之上进行修改。输入教师的相关信息之后，还需要对添加信息的时间进行重新设定，字幕文件上时间显示如下：00：00：03，600 → 00：00：16，000，如果教师希望它在第 5 秒钟到第 15 秒钟之间呈现，那么就在逗号前面修改即可。逗号前面的时间分别是秒、分钟以及小时。由于序号并不是很重要，所以我们并不需要填上序号，添加完毕之后保存退出。再次打开视频之后，就会发现刚才添加的信息已经出现了。

字幕文件的修改除了可以增加字幕行之外，还可以对原有的字幕内容进行修改，比如，原来的字幕是显示全文的旁白，教师可以对它进行挖空的处理，把它变成一个听写练习。这个字幕文件可以把它另存为另外一个版本。那么教师在播放视频的时候，如果想要学生进行听写练习，只需要把刚才第 2 个字幕文件拖放进视频即可。学生就可以根据视频的内容进行相应的听写练习。教师也可以把字幕中的日常词汇、简单词汇去掉，只显示生词、核心词汇，并对核心词汇进行注释。如果教师需要对字幕中某个新词进行音标注释，需要把字幕文件另存为能够支持特殊编码的格式，点击另存为，在另存为界面之下选择编码方式为 unicode，再保存为另外一个文件。播放视频之后，我们会发现音标是可以正常显示的。

3.3.1.4　PPT 插入的视频中显示字幕

PPT 等课件软件一般不支持外挂字幕的方式，因此课件中无法显示外挂字幕文件的内容。在这种情况下，推荐使用一些视频格式转换器的字幕滤镜功能，也就是把视频画面与字幕合成后，再把合成后的视频插入到课件当中即可。具体的操作是，打开视频格式转换器 Total Video Converter，把需要转换的视频拖放进去，在 Video File 下面选择要输出的格式，比如把文件输出为比较常用的 MP4 格式文件，然后在返回的窗口点击滤镜处理，勾选字幕。点击字幕文件名右方的按钮，选择需要合成的字幕文件。如果要对字幕字号大小等进行设置，可以点击设置，如果不需要设置，直接点 OK 确定开始转换即可。操作完成后，教师打开 PPT 文件，把合成好的视频插入到 PPT 中，在放映的状态下播放视频后，教师会发现视频是可以正常显示字幕的。

3.3.2 多模态视听资源英语课堂教学实践

我国正在制定的高中阶段英语课程标准中,将学生的语言能力定义为:借助于语言以"听、说、读、看、写"的方式理解和表达意义的能力。我们可以发现强调多年的听、说、读、写四大技能升级为听、说、读、看、写五大技能。事实上,在其他国家的语言教学课程标准中或者教学研究中,"看"的能力早已经得到了重视。西方国家重视语言教学当中"看"的能力的培养,是由于在信息时代学生很容易通过互联网获取图形图像等资源,而且图形图像在与文本的交互过程中起着积极的作用。课程标准是广大一线英语教师教学的风向标,那么教师如何将"看"的能力融入、衔接到传统的四大技能培养体系当中呢?

根据课标中提到的英语学习活动观,外语多模态教学可以从三个层次开展活动:一是学习理解:基于Viewing能力开展观察、比较、理解、想象等意义的探究活动,这是多模态的输入过程。比如将多模态资源应用于导入环节。二是应用实践:在多模态资源的辅助下实现意义的表征,也就是基于多模态的语言输出活动。三是迁移创新:学生开展可视化表征以及多模态创编活动,也就是多模态创编形式的意义表达活动。比如在课后让学生制作视频博客进行多模态输出。

教师在进行教学实践时,会发现这三个层次的活动常并不是泾渭分明的,可以根据课型、主题进行两两组合,比如理解与实践相结合,对多模态的信息理解完之后进行口语输出活动,或者学生进行多模态视频创编。

下面就多模态英语歌曲教学实践、英语歌曲多模态语篇教学和多模态教学的其他应用进行分别论述。

3.3.2.1 多模态英语歌曲教学实践

在英语课堂教学中,很多一线教师喜欢在课堂上将英文歌曲作为教学资源。但一般的英文歌曲资源在实践的应用中存在诸多的问题。比如:仅有歌词没有画面、歌词较难、有些画面不适合学生观看、只是明星演唱的镜头、歌曲与课文主题不匹配等。歌曲的使用只是放在导入和热身环节激发学生兴趣,很难达到真正地结合语言进行学习的目的。普通高中英语课程标准中提出了"核心素养"这一概念，即将主题语境作为课程内容要求的第一要素。

那么如何利用英文歌曲来深入探究、拓展深化课文主题呢？华南师范大学外国语言文化学院英语师范专业同学制作了多模态"一课一曲"资源，是外语课件设计的课程成果。"一课一曲"资源设计的思路是根据课文主题匹配相应的英文歌曲，为了有别于一般的课外资源，必须同时配上课文主题歌曲内容以及相关图片，或者在歌词中能够多次出现目标语言点的结构和句型，通过声画同步的效果制作成PPT课件，同时导出为视频格式供课堂使用，这种紧扣教学内容的多模态歌曲资源是拓展和深化英语课堂的一种较好的资源。

以人教版必修一第四单元 Earthquake 这一单元为例，使用了 Michael Jackson 的 *We are the world* 这首歌进行多模态呈现。这首英文歌的主题是全世界都是一家人，大家应该相互关爱、互帮互助。这首歌的主题可以与地震之后全国人民齐心协力、互助互爱进行关联。但是这首歌的 MV 并不能契合文章的主题，因此，对这首歌曲的画面进行了再创作，搭配了地震的相关图片。经过改编，保留了英文歌曲曲调温情的优势，能有力激发起人的情绪，给人以内心的感动。歌曲中的配图又植入了地震中的救援图和灾区图片，可以唤起学生的同理心并加深对地震的认识，意识到地震这一灾难给大家带来的痛苦以及众志成城、齐心救援带来的感动。

除了提供与单元或课标话题相匹配的歌曲，还有一类资源是讲授重点语法、词汇词组时适用的歌曲。歌曲中必须包含学生要学习的目标语法和词汇，且在歌词中保持较高的复现率，最好出现在标题或副歌流行句中。为了体现语法词汇学习的目标，在呈现过程中还要对含有语言点的部分歌词标注颜色或凸显字号。

初中英语语法涉及的简单句的五个基本句型可以采用 *Lemon Tree* 这首歌曲进行教学，*Lemon Tree* 是一首由 Fool's Garden（愚人花园）于1994年12月4日首唱的乡村歌曲，由 Fool's Garden 填词谱曲，收录在 Fool's Garden 1995年5月发行的专辑 *Dish of the Day* 中。这首歌使这支原本默默无闻的德国5人乐队一下子红遍欧洲，在被苏慧伦翻唱后也开始为国人熟知。这首歌是写一个男孩在某个下着太阳雨的星期天下午等着他的朋友，歌曲将等人时的焦虑不安及胡思乱想的心情表现得淋漓尽致。这首歌曲中出现了大量的简单句，涵盖了五个类型的简单句型。教师可以将歌曲作为简单句语法课的导入环节，让学生找出并观察歌曲中出现的简单句，在此基础上总结出简单句的类型及特点，开展教学活动。

很多英语教师表示多模态资源的创编大大加重了教师备课的压力，如果每节课都要以多模态的形式呈现，教师根本没有时间和精力去完成。在这里我们为广大英语教师推荐华南英语名师网。该网站目前上线的资源包括人教版2007高中英语必修1至选修8教材所有单元主题、北师大版高中英语教材单元主题，初中、小学资源覆盖了2011版义务教育阶段课程标准中所规定的全部24个话题，86个词话题以及重点的语法、词汇词组。某些作品具体参考了某个版本教材的相关单元，但也可以用在其他教材的同类话题上。右击该网站上的视频可以进行下载，如果没有出现可提示存储的菜单，可更换第三方浏览器，比如360浏览器。教师还可以对原PPT文档进行下载，方便进一步编辑和修改。比如可以根据学生的实际水平，对一些词汇添加相应的注释。一线教师可以登录网站检索自己想要的资源，这些资源完全是免费的，而且可以进行编辑和修改。

3.3.2.2 基于英语歌曲的多模态语篇教学实践

很多教师在进行多模态教学实践时会产生一些疑虑。比如：多模态语篇教学是否会降低阅读的速度？多模态的教学资源是不是只能运用在导入和热身的环节中去？请看这样一个案例：

人教版第四册第三单元课文"A taste of English humor–Charlie Chaplin"，教师在导入过程中可以使用"一课一曲"资源，这首歌曲由Peter. Sue & Marc演唱，是对卓别林致敬的一首歌曲，其曲风欢快，赞颂了卓别林的无声电影为人们带来了欢乐，也体现了一种英式幽默。欢快的曲子可以调动课堂气氛，引起同学们对卓别林的兴趣，为课文 *A Master of Nonverbal Humor* 做铺垫。这个课例是一个典型的多模态资源运用到导入环节的例子，也是比较常态的一种教学设计。

综合英语第二册第四单元的课文主题是"Culture Encounters"，这一单元主要是围绕文化冲突进行阐述的。在这个单元的导入环节，可播放多模态视频 The Italian Man Who Went To Malta，这个视频主要是讲述一个意大利人在外乡因为口音的差异而引起的种种误会，视频非常诙谐幽默，能够激发学生的阅读兴趣，并快速将学生带入到主题语境中去。这个单元学习结束后，作者将多模态资源运用到读后的深化与拓展这一环节。在播放多模态视频之前，作者首先抛出两个问题："In what ways can we learn about countries？ And what attitude should we have to watch our culture？"提出这两个问题的原因是这篇课文从不同的层面谈到了文化差异的问题，那么教师需在情感态度方面引导学生如何看待文化差异。作者想用 Culture Everyday 这首歌来做一个总结和提升。这首歌曲里有很多地方可以回答以上两个问题：

You can learn it through food, songs, books and games.

Many people practice different religions.

It's the values and beliefs that you hold dear.

When you learn about other cultures, you open your mind.

Culture get passed down from generations.

Keep passing it around to build a strong nation.

You can keep yours alive in your town.

上述歌词里传递的信息就是理解文化知识和文化内涵的一些很好的方式，是对整个单元的总结和升华。通过上述的例子，我们发现多模态资源不仅仅可以运用到导入的环节，还可以用在读后作为特殊的语篇去深化和拓展主题。同时，多模态资源可以被视为一种触发表达的媒介。

无论将多模态资源运用到教学设计的哪个环节，教师都需要提出相应的问题进行引导，提高学生对歌曲这种特殊语篇的信息获取能力。作者在教学实践中遇到过这样的问题，抛出问题后学生在欣赏完多模态视频资源后，往往无法回答教师提出的问题。这样的教学设计的有效性有待商榷。经过作者反思后，从两个方面进行了改进。首先，教师在进行多模态视频资源播放之前需要将字幕文件中出现的生词进行标注释义或者对一些生词进行同义替换。在这个过程中，教师要大大降低对学生的期望值。其次，教师提出的问题过于笼统，引导性不够也会导致学生无法回答问题。也就是说，教师要尽量提出一些细节题，避免提出一些主旨题，主旨题需要概括和归纳，容易让学生产生畏难心理，不利于后续教学活动的展开。

实际上，歌曲也是一种特殊的语篇，它与文本的区别是它有旋律，还有歌曲，作者要表达他的思想和感情，当然就会考虑如何遣词造句，所以歌曲也是一种语言，一种特殊的语篇。我们如果从语篇的角度来看歌曲的话，就可以容易找到、挖掘到一些偏向语言分析、语篇分析的点，这样的话，歌曲就不仅仅是一种激发学习兴趣和活跃课堂气氛的调节器，也是可以用作训练学生获取信息的能力以及提升分析能力和判断能力的语篇材料，同时学生也可以通过音乐欣赏语言和多模态资源的意义和美感。

3.3.2.3 多模态教学实践的其他应用

在印刷材料的时代，人们常常忽略看的能力，主要通过读来获取所需的信息。阅读是语言教学当中的最重要的技能之一，在当前多媒体和网络环境下，对图形图像等可视化信息的理解就成为一项重要的语言技能。多模态创编能力要求广大英语教师在教学中适时地在传统上的文本文字、教师口头传递的单一互动方式上增加其他如视觉、听觉等方式。可以说，我们已经进入了读图时代。

目前很多版本的高中英语新教材均提供了与单元主题配套的短视频，比如：人教版每个单元都配有纪录片短片，并在每个单元设置了 video time 的视听说教学专栏，教师可以直接根据教材内容进行教学。这些短视频都是契合文章主题的多模态资源，除了可以使用教材配套的多模态资源，教师可以自己进行开发、创编多模态视听资源。比如教师在讲授旅游相关主题时，可使用自己旅行的照片制作一个多模态的短视频，通过对自身经历的描述来讲授如何用语言来描述个人经历的方法。这种方法能更快拉进学生与教学内容之间的距离，也能够让学生更容易理解教学内容，并掌握要学习的目标语言。

需要注意的是，教师或学生的生活短视频，要与教学内容深度融合，视频的内容要做好筛选，结合主题呈现才能快速拉近学生与教学内容之间的距离。教师在完成多模态创编后可以让学生根据自己的旅游经历进行类似的创编，这样在创编的过程中，学生进行了语言点的操练，学习成果以一种可视化的效果展示出来，可以增加学生学习的成就感。

小学阶段的英语教学由于词汇量有限，教师可以利用目前广泛存在的各种绘本资源。事实上，很多经典的传统绘本故事书都可以找到相对应的声情并茂的视频版本。经典的多模态绘本因为整合了声音、图片、文字，更适合在课堂中使用。教师还可以根据教学需要创作多模态绘本。作者任教的学校是一所幼儿师范高等专科学校，英语教师完全可以带领学生进行多模态绘本的创编，这个创编涵盖绘本的绘制、故事的原创以及视频的录制等。多模态绘本创编的素材可以通过学生见习、实习中的幼儿故事进行创作，并不是无中生有，或者复制别人故事。通过师生配合建立本校的多模态绘本资源库，这样的资源库也可以成为校本课程的一个部分，为学生之后从事幼儿园英语教学打下基础。

之前讨论的多模态语篇多是应用在技术的层面，实际上多模态语篇还可以进行人文教学，有所升华与拓展。课标在关于语篇的表述中要求学生通过学习语篇所承载的文化和价值观等具有深刻内涵的内容，学会欣赏语言和多模态语篇的意义和美感，丰富生活经历，体验不同情感，树立正确的世界观、人生观和价值观。人文教学可以培养学生的文化认同感，提高学生利用语言技能用英语讲好中国故事的能力。然而，我们的学生大部分英语水平有限，对语言的意义和美感很难从欣赏的角度去体会，而多模态语篇所传递的多种感官形式则很容易实现这个目标。

作者以北师大版高中英语教材第四单元"Rhythm – Beijing Opera"为例，这首歌可以用于学完课本基本内容，在学生对京剧有了一定了解后播放给学生欣赏。这是由 Blaxy Girls 演唱的一首英文歌曲。这首歌最开始是没有京剧唱段的，但是 Blaxy Girls 对于世界各地的音乐节都颇为热衷，在罗马尼亚举行的 2008 年度 Golden Stag 国际音乐节上，她们特意准备了新单曲 *If You Feel My Love* 的混音版本，就是加了京剧的版本，将中国的传统戏曲——京剧与现代流行音乐完美结合在一起。添加的京剧部分是《铡美案》中包龙图打坐在开封府选段。相信这首将京剧与现代流行音乐完美结合在一起的歌曲肯定能以其独特的中外混合风带给学生不同的京剧体验，使学生感受到京剧原来不是他们想得这么无聊，京剧也可以与时代接轨，也能满足年轻人的审美需求，从而可以鼓励学生多学习一些关于传统京剧的文化。这样的人文教学能够增加学生的文化认同，虽然学生都知道京剧是我国的国粹，但是也仅限于此，学生对我国文化的精髓的了解随着时代的发展已经无限淡化了，通过多模态歌曲全新的呈现方式，可以给学生一种视听冲击，促使学生接纳京剧、了解京剧、熟悉京剧。

除了"一课一曲"，还有短视频、绘本等多种模式。多模态英语教学形式需要广大教师在教学实践中不断探索，不断创编，才能创造出更多更符合英语特点和学生认知规律的教学模式。

第4章

英语教育教学的课程设置、内容及评价

4.1 英语教育教学的课程设置

英语课程是英语教育教学目标的具体体现，是实现外语人才培养的根本途径。英语课程应兼顾工具性和人文性的双重特点。英语教育教学的课程设置要遵循课程建设的客观规律，反映时代的要求，也要满足学生发展的需要。

4.1.1 英语教育教学的课程设置

4.1.1.1 英语教育教学课程设置的理论基础

英语课程的建设、发展和实施需要基于哲学、语言学、教育学和心理学等理论，同时也需要这些理论的指导才能发展和实施得更好，更符合其客观规律。

其一，英语教育教学课程设置的哲学基础。

人，既是自然人也是社会人。在人与人的社会交往过程中，人们用语言表情达意，分享传承物质文明和精神文明成果，逐渐从自然人转变成社会人。特别是在语言作为人类交流和沟通信息的工具后，人才发展成为能动地、创造性地改造世界、改善自身和推动社会发展的人。因此英语课程建设、发展和实施中的根本思想就是要"以人为本、以人的发展为本"。这种思想也是根植于马克思主义哲学对人的本质，人与客观世界、社会文化的关系以及人的生命活动与语言的关系等问题的深邃论述之中。英语课程面向全体学生，即应是面向具有终身学习能力的、推动社会发展的人，并以此充分体现以人为根本的价值观取向。

英语课程的主要目标是发展学生的英语素养。因此，发展英语素养是英语课程的主要本质特征，但这并不意味着否定或贬低培养人文精神的重要性。《国家中长期教育改革和发展规划纲要（2010-2020年）》提出实施科教兴国战略和人才强国战略，把育人为本作为教育工作的根本要求。人力资源是我国社会经济发展的第一资源，教育是开发人力资源的主要途径"。这说明，谁拥有高新技术谁就能掌握未来。所以英语教育在教学课程设置中做好英语素养与人文精神的整合是社会发展的需要，是时代的需要也是深化英语教育和课程与教学改革的基点。英语教育教学课程不仅需要强调发展英语语言体系本身的逻辑性和系统性，也需要重视人文精神的教育，培养学生的人文素养。

其二，英语教育教学课程设置的语言学基础。

辩证唯物主义认为，物质决定意识，意识反作用于物质。语言恰恰就是思维的反映，思维就是语言描述的内容。由于思维与物质的辩证关系，以及人的行为与思维表达途径即语言之间的关系有着紧密的联系，所以20世纪以后哲学界开始关注语言、客观世界与人之间的关系。

传统语言学认为语言与社会没有什么联系，认为语言就是个人现象，语言是形式，是符号，并不是社会行为。他们研究语言的重点局限在语言的形式、结构及其变化规律上，忽视了语言在社会中的应用问题。

语言学的新语言观主张语言是社会现象。代表人物如Austin和Searle，他们把语言看作是人们交流思想情感的交际工具；Saussure把语言看作是社会现象，进而从人的行为角度把语言视为人的言语行为。Halliday和Hymes认为语言是人们交流的重要工具，具有社会文化性。Hymes还第一次提出了交际能力的概念。综上所述，研究语言，特别是研究社会中人与人之间使用语言进行交际的能力时，如果不关注语言实际使用目的，那么就不可能认识语言的本质。由此，是重视语音知识的形式、结构的研究，还是重视语言的内容、意义、使用和交际的研究，就构成了哲学和语言学研究语言的两大流派。而以哲学和语言学为理论基础，反思、辨别和论证外语教育的方向、性质、价值、目标与途径具有特别重要的理论和现实意义。

Saussure 的学生根据他的上课内容整理的语言学专著《普通语言学教程》中提出"语言"和"言语"两个概念,这是对语言学研究语言本质做出的重大历史贡献。根据他的理论,语言是存在于人头脑中的一种抽象的体系,包括语音、词汇和语法结构,语言具有社会性;言语是人们对自己的内心符号和心理生理机制的外化结果,是语句的产出、表达和运用,它反映出讲话人的特点且与具体情境结合有无数变化的可能,言语具有个体性、具体性和变化性。

20 世纪 30 年代初至 50 年代末,结构主义语言学成为世界上占统治地位的语言学流派。L. Bloomfield 完全赞同 Saussure 把语言区分为语言和言语两个方面的观点,并根据这一观点,把语言区分成语言结构和实际话语两个因素。语言结构是语音、语法范畴和词汇等组成的一个严格稳定的结构。实际话语(即言语)的特征是语言系统未固定的方面,各方面各不相同,而且在系统的特征上都是因时因地和因具体情境无限变化的。

20 世纪 60 年代初,美国的 Chomsky 在区分语言能力和语言运用观点的基础上,着重研究语言能力,并创立了著名的转换生成语法理论并成为国际上一种主要语言学流派,被誉为语言学上一次"伟大的革命"。他从哲学的角度,用语言能力(Linguistic Competence)和语言运用(Linguistic Performance)两个相对又区别的概念来替代 Saussure 的语言和言语。他对人们说话时具有的语言知识和重组语言知识实际运用做出了明确区别性的揭示。

言语行为(Speech Act)理论是由英国著名哲学家、语言哲学家和日常语言哲学牛津学派的代表人物 Austin 首创的。他把说出的语句分类成三种言语行为:一、说出语句行为主要是指用语言组成的声音,构成符合语法的句子或用表达某些事物意义的综合体来完成的行为;二、用语言做事行为,是指在特定的语境中、特定的条件下,抱有特定的意向说出语句来完成的行为;三、用语言取效行为,主要是指用语句完成事件并取得效果的行为。

他的学生 Searle 在此基础上又补充了第四种行为:命题行为。他认为,用语言做事包含着命题和言外之力。所以,说出语句时,四种行为,即说出语句行为、用语言做事行为、命题行为和用语言取效行为,是同时实现的。

Hymes 和 Widdowson 等认为，语言是为了交际，一个获得交际能力的人，他必须既获得语言知识，又获得使用语言的能力。他不仅要掌握语言知识，造出符合语法的句子，而且还要掌握使用语言的规则，得体地使用语言。因此，不懂使用规则，单纯地掌握语法规则，也就毫无用处。

综上所述，语言和交际是语言的本质特征，是人类经验的核心，是人类智慧和思想文化的结晶。语言中的语音、词汇、语法是听说读写运用语言的工具，是语言运用的基础。语言是代代相传的一种体系。交际运用语言是用口语和书面语达到相互了解、沟通和交流信息的交际的能力，是通过说话者说、写作者写或听者听、读者读来理解内容、意义和信息相互沟通的能力。

4.1.1.2 英语教育教学课程设置的指导思想

作为一门独立的课程，英语教育教学课程设置要以语言的系统性和交际性为依据进行合理的安排。

其一，夯实语言知识为基础。

英语语言知识是英语教育教学课程的核心部分，是英语教育教学内容的重要源泉。英语教育教学课程设置要以系统的语言知识为基础，具体的语言知识包括语音、词汇、语法、功能、话题等方面，遵循语言知识的内在逻辑性，善于把握英语知识内在的迁移与拓展，要重视英语知识的基础性、准确性和实用性，并使英语课程内容符合科学发展观的规律。

在处理英语课程内容与英语学科知识的关系过程中要注意回避两种片面思想：一、简单地把英语语言知识等同于英语课程；二、片面强调学生的需求和兴趣，导致英语教育教学课程混乱无序。

其二，训练语言能力为目标。

英语教育教学的最终目标是培养学生的综合语言运用能力，包括听、说、读、写技能以及这四种技能综合运用能力。从认知的角度来看，听和读是话语理解，是信息输入能力；说和写是思想表达，是信息输出能力。从语言的形式来看，听和说是口语，读和写是书面语，口语是书面语的有声形式，书面语是口头语言的文字记录。从人类的语言发展来看，口语在前，书面语在后，口语与书面语在表达的方式和途径以及词汇、句法、信息密度和语言功能等方面有明显的区别。

其三，以创设真实情境为抓手。

语言的主要功能是日常生活中社会交际的工具，是生存的基本需求。情境、语境和环境是社会精神世界和物质世界的集中体现。人的发展蕴含在各种社会情境中，英语课程要选择那些与学生的英语学习情境相近或者相似的社会生活情境，使英语课程与教学尽量还原真实的社会生活，且要注意多元性。

回顾我国英语课程的发展历程，我国英语课程设置普遍存在一个问题，即不能很好地体现实际语用情境。自改革开放以来，外语界充分重视外语课程建设，英语教育教学课程开始与国外合作或直接引进欧美原版教材作为教学教材，为配合英语教学也编写了不少相关的介绍英语国家文化背景知识的资料。这极大地丰富了我国的英语教育教学课程设置的资源，但我们也不自觉地忽视了一个问题，即如何用英语讲述我们中国的故事，这就造成了无法用英语表达中国文化；同时，英语课程与所涉及的其他学科知识的深度和广度都无法满足实际交流的需要，教材中的语句与实际生活联系不紧密，很难得到灵活运用。

其四，引导学习过程为途径。

Ausubel 根据学生进行学习的方式，把学生的学习分为接受式学习和发现式学习。接受式学习是指学习者在课堂教学中，通过教师以定论的形式讲授教材，来接受文化科学知识。这种学习方式并不需要学习者去独立发现，只要求他们把教师所传授的东西加以内化，把新学知识与原有认知结构中的有关观念结合起来并储存。发现式学习是指学生独立思考、自己发现问题、解决问题并得出结论的一种学习方法。这种学习方法最大限度地发挥学生学习的积极性、主动性和发展学生的各种能力，培养他们的探索与创新精神。这两种方法是最为基本的学习方法，各有所长，相辅相成。英语教育教学课程应充分考虑这两种学习方式的特点，让学生在获得扎实的英语学科基础知识的过程中积极主动地发挥主观能动性和创造性。

其五，提高人文素养为共识。

英语教育的总目标是培养德、智、体、美、劳全面发展的社会主义建设者和接班人，其课程具有工具性和人文性的双重性质。英语教育教学的课程设置必须有助于国家教育目标的贯彻，其中人文性主要是指发展学生的人文素养，形成正确的世界观、人生观、价值观，热爱祖国，塑造健康积极的情感意识，发展跨文化交流意识和能力，培养创新和批判意识。英语课程的价值性是英语课程设置的灵魂和核心。心理学研究证明，人的感觉、知觉、记忆、想象、思维等心智的发挥受主体情绪状态的影响，积极的情感状态有利于发挥潜在的各种技能，反之就会抑制心智技能，这就是情感的激智功能。我国英语课程标准关注学生情感态度的发展，强调把对学生的情感态度的培养渗透到学科教育和教学中去，把情感教育摆到了十分显著的位置。

其六，满足个性需求为愿景。

课程是为育人服务的，学生是英语学习的主体。学生的年龄、个性、兴趣爱好、已有生活经验、英语知识水平、思想情绪、学习方法、生活的环境、同伴的影响等等因素都对英语教育教学课程设置产生影响。在英语教育教学中要激发学生的求知欲，推动他们探究和学习，从而获取语言知识和技能。如果课程设置顺应学生的个性需求，学生的注意力就会高度集中，思维会更加活跃开阔，所学知识就容易记住。

4.1.1.3 英语课程设置的原则

其一，整体性原则。

课程设置必须在小学、中学、大学英语课程整体规划的基础上建立。在哪个学段开始教学英语？达到什么样的目标？对这些要通盘考虑，否则会造成重复劳动而浪费资源。设置中应拥有整套课程设计的理念，发挥课程设置的整合优势。孤立地研究单科课程难以改变过去单一的学科课程为主的模式，难以纠正以知识灌输为主的倾向，还有可能加重学生的负担。新课程的培养目标包括能力发展、观念态度和知识技能。因此，英语课完全可以渗透自然科学和人文科学，发挥学科之间的关联性，从而提高教学的效率。

其二，多元性原则。

学校在执行国家课程标准的同时，应设置地方课程和学校课程，实现课程的多元化。事实证明，外语课程多元化有利于推进素质教育，有助于发挥学生的潜力。英语课程设置本身也应多元化，要设必修课程和选修课程。为达到大纲基本要求所设的课程为必修课，超大纲基本要求的课程由学生选修，除大纲要求的教学内容以外，也可为培养学生特长设选修课，如泛读、听力、翻译等；为英语已经过关的学生开设第二外语选修课，除去课堂教学，还应开设丰富的活动课，如英语会活、歌咏比赛等，这样才能真正激发学生的兴趣，发展他们的个性和创造性。

其三，灵活性原则。

课程设置是个动态的开放系统，合理的英语课程设置应当具有灵活性。现代教育观、学习观强调"学会学习"，所以大纲的编制与课程设置必须满足学生作为教学主体的要求，必须体现个性化、多元化的特点，这是新时期外语教学改革的基本出发点。随着我国改革开放力度的进一步加大，英语教学出现了不平衡的发展态势，大中小学英语教学内容重叠、衔接不合理、缺乏灵活性等矛盾凸显出来。这样，英语课程设置很有可能落入随意性之中，而难以体现出课程设置的科学性、时代性和灵活性。

另外，课程安排要注意以下问题：一是要注意语言学习的特点和记忆规律，注重语言环境的重要性，要充分认识和利用记忆规律；二是要充分考虑学习者自身特点；三是英语是实践性很强的课程，创设英语课程的实践环境和条件显得尤为重要。

4.1.2 英语教育教学的教材编排与选择

教材有广义和狭义之分，广义的教材实际上就是"教学材料"的简称，包括课堂内外师生使用的所有教学材料。狭义的教材就是指教科书。《全日制义务教育普通高级中学英语课程标准（实验稿）》对教材所给的定义是：英语教材是指英语教学中使用的教科书以及与之配套使用的练习册、活动册、故事书、自学手册、录音带、录像带、挂图、卡片、教学实物、计算机软件等。

程晓堂教授根据 Tomlinson 主编的 *Materials Development in Language Teaching* 一书中的观点进而讨论出优秀语言教材应该具有的 20 个特点。如下：

> 1. 教材应具有吸引力
> 2. 教材应使学习者感到轻松自在
> 3. 教材应帮助学习者树立自信心
> 4 教材应满足学习者的需求
> 5. 教材应有助于学习者自主学习
> 6. 教材的内容应适合学习者的水平,具有较强的可学性
> 7. 教材应使学习者接触真实的语言
> 8. 教材应使学习者注意到语言材料中的重要语言现象
> 9. 教材应能为学习者创造运用语言进行真实交际的机会
> 10. 教材应考虑到语言学习的延迟效应
> 11. 教材应该考虑不同学习者的学习风格
> 12. 教材应关注不同学习者的情感态度和动机
> 13. 教材应允许学习者在学习的开始阶段有沉默期
> 14. 教材应能充分利用学习者的智力、审美和情感等因素,刺激左右大脑活动,从而充分发挥学习潜能
> 15. 教材不应过分依赖控制型练习
> 16. 教材应就学习者的学习效果提供反馈
> 17. 教材应向学习者介绍学习方法和解决问题的办法
> 18. 教材应提供多种途径来"刺激"学习
> 19. 教材应体现以学习者为中心的原则
> 20. 教材应帮助教师组织好教学过程

好的教材应该是内容清晰、结构完整、目标明确、难易适中,便于教师根据自身教学实践情况灵活进行教学设计和教学重组的教材。好教材是对广泛复杂的语言材料的整理,为不同对象、不同需求的语言学习指点迷津,提供目标清晰、循序渐进、内容连贯的学习单元,保证教师和学生的课堂活动形式多样,实践机会充足:有助于教师作教学安排,也有利于学生感到自己的进步,还会留有余地让使用者发挥个性和创造性(夏纪梅,2003)。总之,好的教材应该能够帮助教师组织好教学过程,成功地为教学服务。

在教材编写过程中,编写者应该充分发挥主动性和创造性。但是为了保证教材的质量,教材编写者还应该遵守教材编写的基本原则。《义务教育英语课程标准》对英语教材的编写提出了四条原则:思想性原则、科学性原则、趣味性原则、灵活性原则。

第一，思想性原则。

英语教材既是英语教学的主要内容和手段，也是对学生开展思想品德教育的重要媒介。教材选材要从学生的实际出发，深入浅出，寓教于乐，既要有利于学生了解外国文化的精华和中外文化的异同，还要有利于引导学生提高文化鉴别能力，树立民族自尊心、自信心和自豪感，促进学生形成正确的人生观和价值观。教材中还应选编一定比例的介绍中国文化的内容，积极渗透爱国主义教育、社会主义核心价值观教育、中国传统美德教育以及民主与法治教育。

第二，科学性原则。

英语教材的编写要依据语言学习的规律，充分体现不同年龄段和不同语言水平学生的学习特点和学习需要。教材的编排要体现循序渐进的原则，精选有利于学生长远发展和终身学习的语言材料，注意加强与其他学科的联系。教材内容的编排要遵守由易到难、从简单到复杂逐步过渡的原则，教材应根据不同阶段英语学习特点，在教学内容和要求等方面各有侧重。教材在内容、目标和要求等方面应全面体现课程编制的要求，使语言技能、语言知识、情感态度、学习策略、文化意识等方面目标相互结合，相互渗透，相互支持。教材应尽可能选择真实、地道和典型的语言素材，并保证重要语言内容有较高的复现率。

对于不同阶段学生的教学内容和要求要区别对待。低年级或者初级学习者应该注重培养听说玩演的技能，注重语音基础的练习；高级阶段的学习者要侧重于读写能力和综合语言运用能力。教材内容选择以真实地道的素材为佳且要保证重要语言现象的复现率。教学内容和教学安排要由易到难逐步过渡，体现循序渐进，层层深入。此时编写者要关注教材难易度与教学目标达成之间的关系，避免教学内容简单而教学目标过高等不正常情况的发生。另外，教材中语言技能、语言知识、情感、策略、文化等目标要相互融合构成完整体系。

第三，趣味性原则。

教材不仅要符合学生的知识、认知和心理发展水平，还要充分考虑不同年龄段学生的兴趣、爱好、愿望等学习需求。为此，教材应紧密联系学生的实际生活，选择具有时代气息的语言材料和丰富多彩的表现形式，创设尽量真实的语言运用情景，设计生动活泼、互动性较强的语言学习活动，提高学生的学习兴趣和学习动机。鉴于此，一些教材编写者在教材中设计了大量的机械记忆、机械操练和机械模仿的教学活动。不过，久而久之学生也难以一直保持高度的兴趣，所以英语教材的编写一定要在内容和形式上多花精力，这样才能培养和保持学生长久的学习动机。

第四，灵活性原则。

教材编写应注意考虑城乡和地区差异，内容的编排和采用的教学方法应具有灵活性。在不违背科学性原则的前提下，教材应该具有一定的弹性和伸缩性，既要反映课程标准的要求，也要便于教师根据实际教学需要，对教材内容做适当的取舍和补充，对教学方法做适当的调整。

4.2 英语教育教学的主要内容

英语教育教学的主要内容是关系到学生学什么、老师教什么的问题，是英语教学设计的核心问题。英语教育教学的内容要发展学生的英语素养，通过英语课程内容学习这一主渠道我们的课程目标才能得以实现。英语课程标准把英语教育教学的基本内容分为语言知识、语言技能、学习策略、文化意识和情感态度几个方面。义务教育阶段的英语课程以小学 3 年级为起点，以初中毕业为终点（即义务教育 9 年级），并与高中阶段的英语课程相衔接。整个基础教育阶段的英语课程（包括义务教育和高中两个阶段）按照能力水平设为九个级别，形成循序渐进、持续发展的课程。

设置分级课程目标借鉴了国际上通用的分级方式，力求体现不同年龄段学生的学习需求和认知特点，使英语课程具有整体性、灵活性和开放性。在九级目标体系中，一至五级为义务教育阶段的目标要求。其中，二级为 6 年级结束时应达到的基本要求，五级为 9 年级结束时应达到的基本要求。六至九级为普通高中的目标要求。其中，七级为高中毕业的基本要求，八级和九级是为愿意进一步提高英语水平的高中学生设计的目标。在九个级别的目标中，一级、三级、四级和六级为过渡级别。分级目标的设置有利于在实施中对教学和评价进行指导。

4.2.1 语言知识

4.2.1.1 语言知识的具体要求

学生在义务教育阶段应该学习和掌握的英语语言基础知识包括语音、词汇、语法以及用于表达常见话题和功能的语言形式等。语言知识是语言运用能力的重要组成部分，是发展语言技能的重要基础。我们以语音知识为例，下表是二级和五级语音知识的分级标准：

表 4-1　二级和五级语音知识的分级标准

级别	知识	标准描述
二级	语音	1. 正确读出 26 个英文字母； 2. 了解简单的拼读规律； 3. 了解单词有重音，句子有重读； 4. 了解英语语音，包括连读、节奏、停顿、语调等现象；
	词汇	1. 知道单词是由字母构成的； 2. 知道要根据单词的音、意、形来学习词汇； 3. 学习有关本级话题范围的 600—700 个单词和 50 个左右的习惯用语，并能初步运用 400 个左右的单词表达二级规定的相应话题；
	语法	1. 在具体语境中理解以下语法项目的意义和用法； 2. 名词的单复数形式和名词所有格； 3. 人称代词和形容词性物主代词； 4. 一般现在时，现在进行时，一般过去时和一般将来时； 5. 表示时间地点和位置的常用介词； 6. 简单句的基本形式；
	功能	理解和运用有关下列功能的语言表达形式：问候、介绍、告别、请求、致谢、邀请、道歉、情感、喜好、建议、祝愿等。
	话题	理解和运用有关下列话题的语言表达形式：个人情况、家庭与朋友、身体与健康、学校与日常生活、文体活动、节假日、饮食、服装、季节与天气、颜色、动物等。

续表

级别	知识	标准描述
五级	语音	1. 了解语音在语言学习中的意义； 2. 在日常生活会话中做到语音、语调基本正确、自然、流畅； 3. 根据重音和语调的变化，理解和表达不同的意图和态度； 4. 根据读音规律和音标拼读单词；
	词汇	1. 了解英语词汇包括单词、短语、习惯用语和固定搭配等形式； 2. 理解和领悟词语的基本音义以及在特定语境中的意义；运用词汇描述事物、行为和特征，说明概念等； 4. 学会使用 1500—1600 个单词和 200—300 个习惯用语或固定搭配；
	语法	1. 理解语法项目并能在特定语境中使用； 2. 了解常用语言形式的基本结构和常用表意功能； 3. 在实际运用中体会和领悟语言形式的表意功能； 4. 理解并运用恰当的语言形式描述人和物；描述具体事件和具体行为的发生、发展过程；描述时间、地点及方位；比较人、物体及事物等；
	功能	在交往中恰当理解和运用本级别所列功能意念的语言表达形式。
	话题	围绕本级别所列话题恰当理解与运用相关的语言表达形式。

高中阶段：

语言知识包括语音、词汇、语法、语篇和语用知识。学习语言知识的目的是发展语言运用能力，因此要特别关注语言知识的表意功能。针对语言知识所包含的各要素，课程标准里均列出相应的学习内容和要求，这里仅以语音知识为例。

表 4-2 普通高中英语语音知识内容

课程类别	语音知识内容要求
必修	1. 根据重音、语调、节奏等的变化感知说话人的意图和态度； 2. 借助重音、语调、节奏等的变化表达意义、意图和态度等； 3. 在查阅词典时，运用音标知识学习多音节单词的发音；
选择性必修	1. 运用重音、语调、节奏等比较连贯和清晰地表达意义、意图和态度等； 2. 发现并欣赏英语诗歌、韵文等文学形式中语言的节奏和韵律；
选修（提高类）	1. 运用恰当的重音、语调、节奏等有效地表达意义、意图和态度等； 2. 根据节奏和韵律创作英文诗歌； 3. 与不同地域的人进行交流时，可以识别出其发音和语调的不同；

4.2.1.2 落实语言知识目标的原则

第一，呈现科学化。

新内容的呈现方式直接影响学生对新内容的有效感知，教师要在新知呈现环节考虑"呈现什么、呈现多少、如何呈现"，并能够解释"为什么要这样做"。确保学生第一次接触新内容时准确有效地感知新内容。

第二，操练有效化。

新内容呈现后，要围绕新的内容开展操练。教师同样要考虑机械操练与意义操练的有机结合，什么时候采用机械操练、什么时候用意义操练，什么时候二者有机结合。

第三，拓展生活化。

在有效操练的前提下，要创设新的情境，让学生在新的情境中使用新学的内容，以便检测学习效果，发现学习问题，提供及时反馈，修正教学策略。

4.2.2 语言技能

4.2.2.1 语言技能的具体内容

语言技能是语言运用能力的重要组成部分，主要包括听、说、读、写等方面的技能以及这些技能的综合运用。听和读是理解的技能，说和写是表达的技能。它们在语言学习和交际中相辅相成、相互促进。学生应通过大量的专项和综合性语言实践活动形成综合语言运用能力，为真实语言交际打基础。因此，听、说、读、写既是学习的内容，又是学习的手段。语言技能标准以学生在某个级别"能做什么"为主要内容，这不仅有利于调动学生的学习积极性，促进学生语言运用能力的提高，也有利于科学、合理地评价学生的学习结果。下表是语言技能的分级标准。

表 4-3　二级和五级语言技能的分级标准

级别	技能	标准描述
二级	听	1. 能借助图片、图像、手势听懂简单的话语或录音材料； 2. 能听懂简单的配图小故事； 3. 能听懂课堂活动中简单的提问； 4. 能听懂常用指令和要求并做出适当的反应；

续表

级别	技能	标准描述
	说	1. 能在口头表达中做到发音清楚，语调基本达意； 2. 能就所熟悉的个人和家庭情况进行简短对话； 3. 能运用一些最常用的日常用语（如问候、告别、致谢、道歉等）； 4. 能就日常生活话题做简短叙述； 5. 能在教师的帮助和图片的提示下描述或讲述简单的小故事；
	读	1. 能认读所学词语； 2. 能根据拼读的规律，读出简单的单词； 3. 能读懂教材中简短的要求或治疗； 4. 能看懂贺卡等所表达的简单信息； 5. 能借助图片读懂简单的故事或小短文，并养成按意群阅读的习惯； 6. 能正确朗读所学故事或短文；
	写	1. 能正确地使用大小写字母和常用的标点符号； 2. 能写出简单的问候语和祝福语； 3. 能根据图片、词语或例句的提示，写出简短的语句；
	玩演视听	1. 能按要求用简单的英语做游戏； 2. 能在教师的帮助下表演小故事或小短剧； 3. 能学唱简单的英语歌曲和歌谣 30 首左右； 4. 能看懂程度相当的英语动画片和英语教学节目，课堂视 5. 听时间每学年不少于 10 小时（平均每周 20—25 分钟）；
五级	听	1. 能根据语调和重音理解说话者的意图； 2. 能听懂有关熟悉话题的谈话，并能从中提取信息和观点； 3. 能借助语境克服生词障碍、理解大意； 4. 能听懂接近自然语速的故事和叙述，理解故事的因果关系； 5. 能在听的过程中用适当的方式做出反应； 6. 能针对所听语段的内容记录简单信息；
	说	1. 能就简单的话题提供信息，表达简单的观点和意见，参与讨论； 2. 能与他人沟通信息，合作完成任务； 3. 能在口头表达中进行适当的自我修正； 4. 能有效地询问信息和请求帮助； 5. 能根据话题进行情景对话； 6. 能用英语表演短剧； 7. 能在以上口语活动中做到有语音、语调自然，语气恰当；

续表

级别	技能	标准描述
五级	读	1. 能根据上下文和构词法推断、理解生词的含义； 2. 能理解段落中各句子之间的逻辑关系； 3. 能找出文章中的主题，理解故事的情节，预测故事情节的发展和可能的结局； 4. 能读懂相应水平的常见体裁的读物； 5. 能根据不同的阅读目的运用简单的阅读策略获取信息； 6. 能利用词典等工具书进行阅读，课外阅读量应累计达到15万词以上；
	写	1. 能根据写作要求，收集、准备素材； 2. 能独立起草短文、短信等，并在教师的指导下进行修改； 3. 能使用常见的连接词表示顺序和逻辑关系； 4. 能简单描述人物或事件； 5. 能根据图示或表格写出简单的段落或操作说明；

高中阶段：

课程标准指出：语言技能是语言运用能力的重要组成部分。语言技能包括听、说、读、看、写等方面的技能。听、读、看是理解性技能，说和写是表达性技能。理解性技能和表达性技能在语言学习过程中相辅相成、相互促进。学生应利用多模态语篇中的图形、表格、动画、符号以及视频等理解意义的技能。理解多模态语篇除了需要使用传统的文本阅读技能之外，还需要观察图表中的信息、理解符号和动画的意义。鉴于这种技能在新媒体时代日趋重要，本课程标准在语言技能中增加了"看"的技能。

发展学生英语语言技能，就是使学生能够通过听、说、读、看、写等活动，理解口头和书面语篇所传递的信息、观点、情感和态度等，并能利用所学语言知识、文化知识等，根据不同目的和受众，通过口头和书面等形式创造新语篇。这些活动是学生发展语言能力、文化意识、思维品质和学习能力的重要途径。普通高中英语必修课程、选择性必修课程和选修课程（提高类）的语言技能内容要求如下表所示：

表 4-4 普通高中英语语言技能内容

课程类别	语言技能	语言技能内容要求
必修	理解性技能	1. 从语篇中提取主要信息和观点，理解语篇要义； 2. 理解语篇中显性或隐性的逻辑关系； 3. 把握语篇中主要事件的来龙去脉； 4. 抓住语篇中的关键概念和关键细节； 5. 理解书面语篇中标题、小标题、插图的意义； 6. 辨认关键字词和概念以迅速查找目标信息； 7. 根据语篇标题预测语篇的主题和内容； 8. 批判性地审视语篇内容； 9. 根据上下文线索或非文字信息推断词语的意义； 10. 把握语篇的结构以及语言特征； 11. 识别书面语篇中常见的指代和衔接关系； 12. 在听、读、看的过程中有选择地记录所需信息； 13. 借助话语中的语气和语调理解说话者的意图； 14. 根据话语中的重复、解释、停顿等现象理解话语的意义； 15. 理解多模态语篇（如电影、电视、海报、歌曲、漫画）中的画面、图像、声音、符号、色彩等非文字资源传达的意义； 16. 课外视听活动每周不少于 30 分钟；课外阅读量平均每周不少于 1500 词（必修课程阶段不少于 4.5 万词）；
必修	表达性技能	1. 根据交际需要发起谈话并维持交谈； 2. 清楚地描述事件的过程； 3. 使用文字和非文字手段描述个人经历和事物特征； 4. 在口头和书面表达中借助连接性词语、指示代词、词汇衔接等语言手段建立逻辑关系； 5. 在书面表达中借助标题、图标、图像、表格、版式等传递信息、表达意义； 6. 根据表达目的选择适当的语篇类型； 7. 根据表达的需要选择词汇和语法结构； 8. 根据表达的需要选择正式语或非正式语； 9. 借助语调和重音突出需要强调的意义；

续表

课程类别	语言技能	语言技能内容要求
选择性必修	理解性技能	1. 区分、分析和概括语篇中的主要观点和事实； 2. 识别语篇中的内容要点和相应的支撑论据； 3. 识别语篇中的时间顺序、空间顺序、过程顺序； 4. 理解多模态语篇中文字信息与非文字信息（图表、画面、声音、符号）在建构意义过程中的作用； 5. 根据定义线索理解概念性词语或术语； 6. 根据语篇标题预测语篇的体裁和结构； 7. 根据语境线索或图表信息推测语篇内容； 8. 通过预测和设问理解语篇的意义； 9. 根据上下文推断语篇中的隐含意义； 10. 借助语气、语调、停顿识别说话者的讽刺、幽默等意图； 11. 根据连接词判断和猜测语篇中上下文的语义逻辑关系； 12. 批判性地审视语篇涉及的文化现象； 13. 识别话语中加强或减弱语气和态度的词语； 14. 课外视听活动每周不少于 40 分钟；课外阅读量平均每周不少于 2500 词（选择性必修课程阶段不少于 10 万词）；
选择性必修	表达性技能	1. 以口头或书面形式描述、概括经历和事实； 2. 以口头或书面形式传递信息、论证观点、表达情感； 3. 通过重复、举例和解释等方式澄清意思； 4. 运用语篇衔接手段，提高表达的连贯性； 5. 根据表达意图和受众特点，有意识地选择和运用语言； 6. 根据表达的需要，设计合理的语篇结构； 7. 在书面表达中有目的地利用标题、图标、图表、版式、字体和字号等手段有效地传递信息、表达意义； 8. 在口头表达中运用目光、表情、手势、姿势、动作等非语言手段表达意义； 9. 讲话时进行必要的重复和解释； 10. 使用语言或非语言手段预示和结束谈话； 11. 使用恰当的语调、语气和节奏，提高表达的自然性和流畅性；

续表

课程类别	语言技能	语言技能内容要求
选修 （提高类）	理解性技能	1. 阐释和评价口头和书面语篇反映的情感、态度和价值观； 2. 理解电影、电视、画报、歌曲、报纸、杂志等媒介语篇中的文字、声音、画面和图像是如何共同建构意义的； 3. 根据语篇中的事实进行逻辑推理； 4. 将语篇的内容与自身的经历联系起来； 5. 批判性地审视语篇的价值取向、语篇的结构和语篇的连贯性； 6. 辨别并推论语篇中隐含的观点； 7. 识别语篇中的隐喻等修辞手段并理解其意义； 8. 分辨语篇中的冗余信息； 9. 识别语篇中的字体、字号等印刷特征传递的意义；
选修 （提高类）	表达性技能	1. 通过口头或书面方式再现想象的经历和事物； 2. 以口头或书面形式对观点、事件、经历进行评论； 3. 通过罗列、举例、对比等方式进行论证； 4. 借助词语和句式形象地传递自己的情感和思想； 5. 根据需要创建出不同形式的语篇； 6. 根据需要使用委婉语、模糊语； 7. 使用衔接手段有效提高语篇的连贯性； 8. 使用特殊词汇、语法进行创造性地表达； 9. 使用图像、声音、图表等非文字资源创造性地表达意义； 10. 根据需要插话或转换话题； 11. 在人际交往中建构必要的交际角色和人际关系；

4.2.2.2 落实语言技能目标的原则

第一，利用教材夯实基础。

教材中的语言材料是通过教材编写人员从大量语料中精挑细选的语言样本，也是语言使用的范本。因此充分利用教材中的语言样本是必要的，使学生扎实打好语言知识基础，为语言技能的训练创造条件。

第二，源于生活综合训练。

根据语言技能目标要求，在语言教学中，要从学生的实际出发，贴近学生生活实际，选择听、说、读、写的话题开展输入和输出训练。在综合性语言实践活动中，教师要关注学生的生活经验和认知水平，选择既有意义又贴近学生生活经验的主题，创设丰富多样的语境，激发学生参与学习和体验语言的兴趣，以使学生能够在语言实践活动中反思和再现个人的生活和经历，表达个人的情感和观点，在发展语言技能的同时，提高分析问题和解决问题、批判与创新的能力。

第三，持续训练渐进发展。

语言学习具有持续性和渐进性的特点。在实际教学中，教师要根据学生的实际情况，设计层次鲜明的语言实践活动，如：听力训练中要包括识别主旨、细节、意图、态度等技能，阅读训练中要包括预测、略读、扫读、根据上下文猜测词义等技能，口头表达训练中要包括发起交谈、维持交际、转移话题、重复、举例、解释等技能，写作训练中要包括构思、写提纲、修改等技能。

4.2.3 学习策略

4.2.3.1 学习策略的具体内容

学习策略指学生为了有效地学习和使用英语而采取的各种行动和步骤以及指导这些行动和步骤的信念，它包括认知策略、调控策略、交际策略和资源策略等。

认知策略是指学生为了完成具体学习任务而采取的步骤和方法；调控策略是指学生对学习加以计划、实施、反思、评价和调整的行动和步骤；交际策略是学生为了争取更多的交际机会、维持交际以及提高交际效果而采取的行动；资源策略是学生合理并有效利用多种媒体进行学习和运用英语的方式和方法。下表是二级和五级学习策略分级标准。

表4-5 二级和五级学习策略分级标准

级别	标准描述
二级	基本策略 1. 积极与他人合作，共同完成学习任务； 2. 遇到问题主动向老师或同学请教； 3. 会制订简单的英语学习计划； 4. 对所学内容能主动复习和归纳； 5. 在词语与相应事物之间建立联想； 6. 在学习中集中注意力；

续表

级别	标准描述
二级	7. 在课堂交流中，注意倾听，积极思考； 8. 尝试阅读英语故事及其他英语课外读物； 9. 积极运用所学英语进行表达和交流； 10. 注意观察生活或媒体中使用的简单英语； 11. 能初步借助简单的工具书学习英语；
五级	**认知策略** 1. 根据需要进行学习； 2. 在学习中集中注意力； 3. 在学习中善于记要点； 4. 在学习中善于利用图画等非语言信息理解主题； 5. 借助联想学习和记忆词语； 6. 对所学内容能主动复习并加以整理和归纳； 7. 在学习中积极思考，主动探究，善于发现语言的规律并能运用规律举一反三； 8. 在使用英语时，能意识到错误并进行适当的纠正，必要时，有效地借助母语知识理解英语； 9. 尝试阅读英语故事及其他英语课外教材； **调控策略** 1. 明确自己学习英语的目标； 2. 明确自己的学习需要； 3. 制订切合实际的英语学习计划； 4. 把握学习内容的重点和难点； 5. 注意了解和反思自己学习英语中的进步和不足； 6. 积极探索适合自己的英语学习方法； 7. 经常与老师和同学交流学习体会； 8. 积极参与课内外英语学习活动； **交际策略** 1. 在课内外学习活动中能够用英语与他人交流； 2. 善于抓住用英语交际的机会； 3. 在交际中，把注意力集中在意思的表达上； 4. 借助手势、表情等体态语进行交流； 5. 交际中遇到困难时，有效的寻求帮助； 6. 在交际中注意到中外交际习俗的差异； **资源策略** 1. 注意通过音像资料丰富自己的学习； 2. 使用简单的工具书查找信息； 3. 注意生活中和媒体上所使用的英语； 4. 能初步利用图书馆或网络上的学习资源；

高中阶段：

课程标准指出：学习策略主要指学生为促进语言学习和语言运用而采取的各种行动和步骤。学习策略的使用表现为学生在语言学习和运用的活动中，受问题意识的驱动而采取的调控和管理自己学习过程的学习行为。有效使用学习策略有助于提高学生学习英语的效果和效率，有助于学生发展自主学习的习惯和能力。学习策略的使用还具有迁移性，有助于促进学生终身学习能力的发展。

学生在学习和运用英语的过程中常用的策略包括：元认知策略、认知策略、交际策略和情感策略等。其中，元认知策略指学生为了提高英语学习效率，计划、监控、评价、反思和调整学习过程或学习结果的策略；认知策略指学生为了完成具体语言学习活动而采取的步骤和方法；交际策略指学生为了争取更多的交际机会、维持交际以及提高交际效果而采取的策略；情感策略指学生为了调控学习情绪、保持积极的学习态度而采取的策略。通常这些策略可以组合运用以解决学习中较复杂的问题。

普通高中英语必修课程、选择性必修课程和选修课程（提高类）的学习策略内容要求如下表所示：

表4-6　普通高中英语学习策略内容要求

课程类别	策略	学习策略内容要求
必修	元认知策略	1. 根据学习内容和学习重点，计划和安排预习和复习； 2. 经常对所学内容进行整理和归纳； 3. 学习中遇到困难时，主动分析原因并尝试解决困难； 4. 选择适合的参考书和词典等工具辅助英语学习； 5. 通过图书馆、计算机网络等资源获得更广泛的英语信息，扩充学习资源； 6. 有意识地注意和积累生活中和媒体上所使用的英语； 7. 计划、监控、评价和反思认知策略、交际策略和情感策略的学习和使用，总结经验，并根据需要进行调整；
	认知策略	1. 在新旧语言知识之间建立有机联系； 2. 从不同的角度认知新学语言项目，既关注语言项目的形式，又关注其意义和用法； 3. 在语境中学习词汇和语法；

续表

课程类别	策略	学习策略内容要求
必修	认知策略	4.通过分类等手段加深对词汇的理解和记忆； 5.利用笔记、图表、思维导图等收集、整理信息； 6.根据篇章标题、图片、图表和关键词等信息，预测和理解篇章的主要内容； 7.根据语篇类型和特点，了解篇章的主要内容和写作意图； 8.根据语篇中的核心词、代词等，理解段落或句子之间的内在衔接； 9.通过快速浏览理解篇章大意； 10.通过扫读获取篇章具体信息； 11.借助图表等非语言信息进行表达；
必修	交际策略	1.借助手势、表情等非语言手段提高交际效果； 2.通过解释、澄清或重复等方式克服交际中的语言障碍，维持交际；
必修	情感策略	1.对英语学习保持主动和积极的态度，不断增强学习的自信心； 2.有学习英语的兴趣，主动参加各种学习和运用语言的实践活动； 3.有合作学习的意识，愿意与他人分享各种学习资源；
选择性必修	认知策略	1.利用语篇衔接手段，有逻辑地组织信息； 2.利用构思、谋篇布局、起草、修改、编辑等手段创建和完善文本；
选择性必修	交际策略	1.借助语音、语调、重音和节奏的变化以及眼神、手势等手段进行交流； 2.在交际中，恰当运用补白语、插入语等手段做到自然表达； 3.遇有沟通障碍时，通过解释、复述、举例等手段重建交流； 4.监控交际中语言运用的得体性，并根据需要作出相应调整；
选择性必修	情感策略	1.能针对在学习过程中出现的焦虑或急躁情绪，分析原因，采用有效方法进行自我调整，有毅力坚持学习； 2.使用英语时不怕出现错误，大胆尝试，不断修正自己的错误； 3.有浓厚的英语学习兴趣和愿望，积极争取获得各种练习和运用英语的机会；

续表

课程类别	策略	学习策略内容要求
选修（提高类）	交际策略	1. 根据不同文化语境下的礼貌习惯和规范进行交流，如使用委婉语言来表达意义或想法等； 2. 根据不同文化语境，使用特定的习惯用语和口语进行有效交流；
	情感策略	1. 有持久的英语学习动力，坚持不懈，创造和把握多种机会练习和运用英语； 2. 有自主学习和合作学习的能力，乐于分享学习资源和学习经验，主动开展课外学习；

4.2.3.2 落实学习策略目标的原则

第一，围绕标准，逐步训练。

学习策略的形成不是一日之功，教师必须围绕上述策略目标整体规划，有序训练。在教育教学实践中，要遵循"重点、反复、层次递进"的原则。根据各年级学习内容的不同，每学期对一些策略进行重点训练，让学生在充分熟悉掌握的基础上实现自动化，为今后自身学习策略的形成奠定坚实基础。

第二，立足课堂，强化指导。

课堂是教育教学活动发生的主阵地，教师在日常教学中要有意识突出策略训练，这样才能保证策略运用的实际效果。教师还要注意根据不同的教学内容，根据学生的实际需求适时调整教学方式，引导鼓励学生运用多种学习策略，为学生可持续发展和终身学习奠定良好的基础。

4.2.4 文化意识

4.2.4.1 文化意识的内容

"语言有丰富的文化内涵。在外语教学中，文化是指所学语言国家的历史地理、风土人情、传统习俗、生活方式、行为规范、文学艺术、价值观念等。在学习英语的过程中，接触和了解外国文化有益于对英语的理解和使用，有益于加深对中华民族优秀传统文化的认识与热爱，有益于接受属于全人类先进文化的熏陶，有益于培养国际意识。

在教学中，教师应根据学生的年龄特点和认知能力，逐步扩展文化知识的内容和范围。在起始阶段应使学生对中外文化的异同有粗略的了解，教学中涉及的外国文化知识应与学生的学习和生活密切相关，并能激发学生学习英语的兴趣。在英语学习的较高阶段，要通过扩大学生接触外国文化的范围，帮助学生开阔视野，使他们提高对中外文化异同的敏感性和鉴别能力，进而提高跨文化交际能力。下表是二级和五级的文化意识分级标准。

表4-7 二级和五级文化意识分级标准

级别	标准描述
二级	1. 知道英语中最简单的称谓语； 2. 对一般的赞扬、请求、道歉等做出适当的反应； 3. 知道世界上主要的文娱和体育活动； 4. 知道英语国家中典型的食品和饮料的名称； 5. 知道主要英语国家的首都和国旗； 6. 了解主要英语国家的重要标志物，如英国的大本钟等； 7. 了解英语国家中的重要节假日； 8. 在学习和日常交际中，能初步注意到中外文化异同；
五级	1. 了解英语交际中常用的体态语，如手势、表情等； 2. 恰当使用英语中称谓语、问候语和告别语； 3. 了解、区别英语中不同性别常用的名字和亲昵的称呼； 4. 了解英语国家的饮食习俗； 5. 对别人的赞扬、请求、致歉等做出恰当的反应； 6. 用恰当的方式表达赞扬、请求等意义； 7. 初步了解英语国家的地理位置、气候特点、历史等； 8. 了解英语国家的人际交往习俗； 9. 了解世界上主要的文娱和体育活动； 10. 了解世界上主要的节假日及庆祝方式； 11. 关注中外文化异同，加深对中国文化的理解； 12. 能初步用英语介绍祖国的主要节日和典型的文化习俗；

高中阶段：

课程标准指出：文化知识包含中外文化知识，是学生在语言学习活动中理解文化内涵、比较文化异同、汲取文化精华、坚定文化自信的基础。掌握充分的中外多元文化知识，认同优秀文化，有助于促进英语学科核心素养的形成和发展。

文化知识涵盖物质和精神两个方面。物质方面主要包括饮食、服饰、建筑、交通等，以及相关的发明与创造；精神方面主要包括哲学、科学、教育、历史、文学、艺术，也包括价值观念、道德修养、审美情趣、社会规约和风俗习惯等。学习中外优秀文化有助于学生在对不同文化的比较、鉴赏、批判和反思的过程中，拓宽国际视野，理解和包容不同文化，增强对中华优秀传统文化、革命文化和社会主义先进文化的认识，形成正确的价值观和道德情感，成为有文明素养和社会责任感的人。

普通高中英语必修课程、选择性必修课程和选修课程（提高类）的文化知识内容要求下表所示：

表 4-8　普通高中英语文化知识内容要求

课程类别	文化知识内容要求
必修	1. 了解英美等国家的主要传统节日及其历史与现实意义；比较中外传统节日的异同，探讨中外传统节日对文化认同、文化传承的价值和意义； 2. 了解英美等国家的主要习俗；对比中国的主要习俗，尊重和包容文化的多样性； 3. 了解英美等国家主流体育运动，感悟中外体育精神的共同诉求； 4. 了解英美等国家主要的文学家、艺术家、科学家、政治家及其成就、贡献等，学习和借鉴人类文明的优秀成果； 5. 发现并理解语篇中包含的不同文化元素，理解其中的寓意； 6. 理解常用英语成语和俗语的文化内涵；对比英汉语中常用成语和俗语的表达方式，感悟语言和文化的密切关系； 7. 在学习活动中初步感知和体验英语语言的美； 8. 了解英美等国家人们在行为举止和待人接物等方面与中国人的异同，得体处理差异，自信大方，实现有效沟通； 9. 学习并初步运用英语介绍中国传统节日和中华优秀传统文化(如京剧、文学、绘画、园林、武术、饮食文化等)，具有传播中华优秀传统文化的意识。
选择性必修	1. 了解英美等国家地理概况、旅游资源（自然及人文景观、代表性动植物、世界文化遗产等），加深对人与自然的关系的理解； 2. 了解英美等国家政治和经济等方面情况的基本知识；比较中外差异，认同人类共同发展的理念； 3. 理解常用英语典故和传说；比较汉语中相似的典故和传说，分析异同，理解不同的表达方式所代表的文化内涵；

续表

课程类别	文化知识内容要求
选择性必修	4. 了解常用英语词语表达方式的文化背景；对比汉语词语相似的表达方式，丰富历史文化知识，从跨文化角度认识词语的深层含义； 5. 在学习活动中理解和欣赏英语语言表达形式（如韵律等）的美； 6. 理解和欣赏部分英语优秀文学作品（戏剧、诗歌、小说等）；从作品的意蕴美中获得积极的人生态度和价值观启示； 7. 通过比较、分析、思考，区分和鉴别语篇包含或反映的社会文化现象，并做出正确的价值判断； 8. 了解英美等国家主要大众传播媒体，分析辨别其价值取向； 9. 了解中外文化的差异与融通，在跨文化交际中初步体现交际的得体性和有效性； 10. 使用英语简述中华文化基本知识，包括中华传统节日、中华优秀传统文化的表现形式（如京剧、文学、绘画、园林、武术、饮食文化等）及其内涵，主动传播和弘扬中华优秀传统文化。
选修（提高类）	1. 了解英美等国家的主要文化特色，吸收国外的优秀文化成果； 2. 了解世界重要历史文化现象的渊源，认识人类发展的相互依赖性和共同价值，树立人类命运共同体意识； 3. 了解英美等国家对外关系特别是对华关系的历史和现状，加深对祖国的热爱，捍卫国家尊严和利益； 4. 理解和欣赏经典演讲、文学名著、名人传记等，感悟其精神内涵，反思自己的人生成长； 5. 在学习活动中观察和赏析语篇包含的审美元素（形式、意蕴等），获得审美体验，形成对语言和事物的审美感知能力； 6. 运用中外典故和有代表性的文化标志表达意义和态度，有效进行跨文化沟通； 7. 了解中国对外经济、政治、文化的积极影响，感悟中华文明在世界历史中的重要地位，树立中华文化自觉，坚定文化自信。

4.2.4.2 实现"文化意识"目标的原则

第一，发挥课堂教学主渠道作用。

课堂教学是培养学生跨文化意识的主要途径，教师在精讲课文时要创设情境让学生感受中外文化的异同，注意渗透英语国家的文化的同时要用英语讲好中国故事，完成学科育人和课程思政的教育目标。

第二，丰富课外活动的辅助功能。

文化意识教育是一个潜移默化的过程，仅仅依靠课堂教学是远远不够的，教师还要充分利用课外活动来扩大学生的知识面，鼓励他们在课外进行具体的语言实践。教师可以组织学生定期出板报、墙报，充分利用板报、墙报等形式介绍英语国家的历史地理、风土人情、日常生活习惯等文化背景知识。

此外，还可以选择主题积极向上、内容贴近学生生活、语言地道、发音清晰的影片组织学生观看，不但可以使学生有机会模仿地道的语音语调，学会贴切的英文表达，更重要的是能让他们直观地了解英语国家的生活方式、思维方式以及价值观等，从而培养学生在实际交流中具备多元文化意识。

4.2.5 情感态度

4.2.5.1 情感态度目标内容

情感态度指兴趣、动机、自信、意志和合作精神等影响学生学习过程和学习效果的相关因素以及在学习过程中逐渐形成的祖国意识和国际视野。保持积极的学习态度是英语学习成功的关键。教师应在教学中不断激发并强化学生的学习兴趣，并引导他们逐渐将兴趣转化为稳定的学习动机，以使他们树立自信心，锻炼克服困难的意志，认识自己学习的优势与不足，乐于与他人合作，养成和谐和健康向上的品格。通过英语课程，学生增强爱国意识，拓展国际视野。下表是二级和五级的情感态度分级标准：

表 4-9 二级和五级的情感态度分级标准

级别	标准描述
二级	1. 能体会到英语学习的乐趣； 2. 敢于开口，表达中不怕出错误； 3. 乐于感知并积极尝试使用英语； 4. 积极参与各种课堂学习活动； 5. 在小组活动中能与其他同学积极配合和合作； 6. 遇到困难时能大胆求助； 7. 乐于接触外国文化，增强祖国意识；

续表

级别	标准描述
五级	1. 有明确的学习目的，能认识到学习英语的目的在于交流； 2. 有学习英语的愿望和兴趣，乐于参与各种英语实践活动； 3. 有学好英语的信心，敢于用英语进行表达； 4. 能在小组活动中积极与他人合作，互相帮助，共同完成学习任务； 5. 能体会英语学习中的乐趣，乐于接触英语歌曲、读物； 6. 能在英语交流中注意并理解他人的情感； 7. 遇到问题时能主动请教，勇于克服困难； 8. 在生活中接触英语时，乐于探究其含义并尝试模仿； 9. 对祖国文化能有更深刻的了解，具有初步的国际理解意识；

4.2.5.2 落实情感态度目标的原则

第一，满足需要，激发兴趣。

马斯洛认为，需要由低级向高级的发展是波浪式地推进的，在低一级需要没有完全满足时，高一级的需要就产生了，而当低一级需要的高峰过去但没有完全消失时，高一级的需要就逐步增强，直到占绝对优势。满足学生学习的需求是英语教育教学的重要任务。教学中，我们要注重分析学生需求，营造安全的学习氛围以满足学生"安全"的需要；尊重每一个学生的满足尊重的需要；根据学生的能力差异或学习起点，设计可行的学习目标和学习任务，让学生体验成功的喜悦以满足学生学习需要……这样才能激发并维持学生对英语学习的兴趣。

第二，培养自信，发展自我。

自信是发自内心的自我肯定与相信，是深信自己一定能做成某件事，实现所追求的目标。在教育教学中，教师要注意培养学生的自信心，应本着鼓励学生用英语去实现交际目的的基本原则，多给学生表现的机会。同时，教师还应注重困难生的自信心培养，在课堂中要及时给予适度的鼓励和表扬，使他们从某次回答正确的体验中获得成就感，树立自信；对学生的错误采取包容的态度，只要所犯错误不影响整体交流，就不要打断他们，这样既可防止知识的支离破碎，又有利于去除学生"生怕出错"的担忧，使初步建立起来的自信心得到巩固。

4.3　英语教育教学评价

广义地讲，教育是对一个人的成长进行积极干预的社会活动过程，狭义地讲，教育是学校教育教学活动，本书所探讨的就是狭义的英语教育教学活动。为了实现教育教学的价值，为了追求教育教学的终极理想，教师的教育教学要根据学习者的真实发展状态适时调整。为此，各种不同资料和数据的收集方式必须是科学可行的，从而教育教学工作者才能科学合理地整合教育元素，促进教材、教师、学习者各方的有效发展，使广布的教育资源和海量的教育行为效益最大化。这就是教育教学评价的意义和价值所在。

英语学科教育评价的对象是学校英语教育，它包括英语教育的各个领域，如英语学科教学目的、教学内容、教学方法、教学设施、教师水平和学生学习质量等。其中对学生学习质量的评价，也是通常所说的英语语言测试，是英语学科教育评价的核心。而对教师教育水平进行的科学评价，通常称教学评估，又是全面提高学校英语学科教学质量的一个重要方面。

所以，英语教育教学评价是以英语教育教学为对象，根据本学科教育目的和原则，利用所有科学可行的评价手段与技术对教育教学过程中的乃至其预期的一切教育教学效果进行量化测定，给予价值上的判断，并将上述信息用于改进教育教学过程或者被评价对象。

4.3.1　评价的目的、作用与原则

对英语学科教育教学评价的目的、作用与原则做出一个宏观的理性把握是研讨英语教育教学评价的前提，是对各个具体问题展开深入谈论的起点。

4.3.1.1　英语教育教学评价的目的

学科教育教学评价要始终遵循本学科教育教学的特性与规律，始终以不断促进学科教育目标的实现为己任。英语教育教学评价的大方向应围绕本学科教育教学目标，促进英语学科的工具性与人文性的实现。

《义务教学英语课程标准（2011年版）》"前言"部分明确指出："义务教育

阶段的英语课程具有工具性和人文性双重性质。就工具性而言，英语课程承担着培养学生基本英语素养和发展学生思维能力的任务，即学生通过英语课程掌握基本的英语语言知识，发展基本的听、说、读、写技能，初步形成用英语与他人交流的能力，进而促进思维能力的发展，为今后继续学习英语和用英语学习其他相关科学文化知识奠定基础。就人文性而言，英语课程承担着提高学生综合人文素养的任务，即学生通过英语课程能够开阔视野，丰富生活经历，形成跨文化意识，增强爱国主义精神，发展创新能力，形成良好的品格和正确的人生观与价值观。

基于上述阐述，英语学科教育教学评价的广义目的主要体现在两个方面：

一方面要体现对学生英语语言知识与技能的测试与评价。此类测试与评价最主要的目的是检验英语学科教育教学的工具性功能，激发学生英语学习的工具性学习动机；

另一方面要体现对英语学习过程中综合人文素养的提升情况。此类测试与评价最主要的目的是检验英语学科教育教学的人文性功能，即评价学科教育教学中对学生人文素养的培养情况。

除此之外，作为一门语言，英语教育教学评价还有语言测试的目的。

一方面是要考查在校学生的语言学习效果，这也是学校英语教育教学的重要组成部分。测试和评价的结果既要检验学生对英语知识的掌握和运用程度，又要考查学生使用目标语言进行交际的实践能力。

另一方面是社会选拔和鉴别人才的重要手段。在国内，无论是在各类选拔性考试中，如中考、高考、研究生入学考试等等，还是在其他社会部门选拔人才的过程中，都需要对测试对象的英语实际掌握情况做出科学准确的测量与评价。

4.3.1.2　英语教育教学评价的作用

英语教育教学评价是学校英语教育教学不可缺少的重要环节。英语教育教学要着眼于学生素质的全面提高，遵循"以人为本"的教育理念，同时要建立"促进学生全面发展、教师不断提高和课程不断发展"的多元化评价体系，既有综合评价，又要关注个体差异和多方面的发展潜能，构建有效的激励和改进机制。

英语教育教学评价要着眼教与学两方面，归纳起来，英语教育教学评价的作用体现在以下三个层面：

其一，促进学生的学法调整。

客观合理的外语测试能够使学生了解自身的现有语言知识水平和发展潜能、进步情况和所存在的问题，是实际学习效果的真实反馈。科学客观的评价结果是学生完善自我、改善学法的依据，同时也是激发学生学习兴趣、提高课堂学习效率、养成良好学习习惯、提高学习自信的有效催化剂。

其二，反拨教师的教法调整。

评价是一个双向过程。其结果是对课堂教学的一个客观反馈，教育教学中及时的评价不仅对学生有很大的促进作用，对教师也有积极的影响。现代教育中的评价体系鼓励学生对教师进行评价，提倡同行之间的思想碰撞，这些都为教师调整教学策略指明方向，从而使课堂教学活动越来越接近教学目标，不断提高教师的教学能力和水平。总之，对教师来说，教育教学评价是一种工作后的反馈，是教师及时发现课堂教育教学问题、实现课堂教学目标的保障。

其三，辅助学校的科学发展。

科学有效的评价能够使学校有效地了解、鉴定教师的教育教学态度、教育教学能力等等，而且多样化的评价方式能够全面客观地评定一位教师，从而促进教师的专业发展，同时也有利于学校进行科学决策，这些都是评价的鉴定功能。当然，评价不仅具有鉴定功能，还具有督导功能。其督导功能主要体现在学校能够了解教师课堂教学的达成目标与预期目标之间的差距，从而为提出学校层面的引导提供指南。同时，学校也能够有针对性地给予教师公道的帮助和支持。总之，评价有利于促进学校教育教学工作科学高效地开展。

4.3.1.3 英语教育教学评价的原则

为学生英语学科核心素养目标的实现，促进学生在语言能力、学习能力、思维品质和文化意识等方面的发展，我们必须树立以学生为本的评价理念，倡导评价与教学的和谐统一，注重形成性评价与终结性评价的平衡，强调评价的激励作用。现代的英语教育教学评价必须遵循以下四个原则：

第一，导向性。英语语言测试的导向性是客观存在的，英语语言测试的正确导向性原则是指在英语测试中充分体现英语教育教学目标的核心与实质，使英语测试随着正确的英语教学的方向前进，把英语教学目标转化为恰当的英语评价目标，并反过来以科学的评价手段促进教学改革的进行。

第二，科学性。即无论是评价内容的选择，还是评价标准的设立、数据的收集处理、评价结果的分析讨论，都应该采用适当的评价工具和方法，都要从具体事实出发，收集全面、系统、准确、真实的资料，并在此基础上进行符合英语教育教学客观规律的科学的判断。

第三，主体性。"以学生为中心"的教育理念意味着学生是一切教育教学活动的主体。在评价过程中我们要以学生为主体，要站在学生立场展开适时、适量的评价，要尊重学生自身的特点和学情，关注学生在评价过程中的表现，激发学生的学习积极性和主动性，维护好学生心中对英语学习的兴趣之光。

第四，可行性。即评价要有可操作性和实施的可能性。评价作为一种工具和手段，必须要为课堂教学提供便捷有效的服务和支撑，否则就是对宝贵教学时间和资源的浪费。

4.3.2 英语学习者学习质量评价

对英语学习者学习质量的评价是英语学科教育的核心，其结果不仅关系到学生的进步、教师的教学方向和策略，也关系到所选拔的各类人才的质量，甚至可以说关系到英语学科教育的成败，所以英语学习者的学习质量评价务必科学准确。因此，如何提高英语语言测试的质量，有效发挥外语测试对教学的积极作用，一直是外语测试界不断探讨的课题。下面我们从形成性评价和终结性评价两方面介绍一些常见的方法，建议以下方法结合使用。

4.3.2.1 形成性评价（Formative Assessment）

形成性评价是指在教育教学活动实施的过程中，不断展开调整，使其更好地实现学科育人目标而进行的评价。形成性评价的主要目的是明确活动运行中存在的问题和改进的方向，及时修改调整活动计划，以期获得更加理想的效果。其核心是通过不同活动从不同切入点反馈学生在成长过程中的问题与进步,形成性评价应该坚持鼓励性原则。

这里主要介绍四种形成性评价的方法:课堂观察法、面谈与访谈、问卷调查和学习档案。

其一,课堂观察法(Classroom Observation)。我国学生的英语学习环境虽然改善很多,教师语言能力整体提高很多,但总体来说我国缺乏优质的自然语言环境,英语课堂仍然是学生学习英语的主阵地,因此,课堂观察是课堂教学评价最基本、最重要也是最高效的学习者学习质量评价形式。通过观察学习者在课堂学习活动中的学习行为,可以为教学提供及时真实的反馈,也体现评价促进学习者学习和发展的目的。语言学习和语言使用是交互的,与传统测试相比,课堂观察能更好地了解学习者交际语言使用情况,收集学习者语言技能发展情况的信息,了解学习者的学习潜能与存在的问题,从而促进其英语综合运用能力的提高与发展,最终促进其英语核心素养的养成。

其二,面谈与访谈(Interview)。面谈,顾名思义,是指教师与学习者在课外就教育教学的各个方面进行的面对面的交流。目前,班级授课还是我国主要的教学模式,这种模式的优点在于高效和标准,其弊端在于很难关注到学生的差异性和个性风格。在这种情况下,教师或围绕一项学习者感到困难的学习活动,或就学习者的动机和兴趣,或针对学习者在学习过程中的感受和看法与一个或者几个学习者甚至整个班级或集体进行面谈。访谈是教师与学习者本人或学习者家庭成员进行交流的有效渠道。通过访谈,教师可以形成家校合力。定期面谈与访谈有助于建立平等互信的师生关系,甚至可以有效化解学习者的心理障碍,进而使教学适应学习者的实际需求。

其三,问卷调查(Questionnaire)。问卷调查评价法是一种相对结构化和正式的评价方式。教师可以在教育教学活动开始之前使用,也可在教育教学活动即将结束之时进行,就某个特定问题或者学习者在学习过程中的某些情况进行相对系统的反馈。问卷调查的实施过程中要注意问卷的问题设计要简洁、明了,不出现模棱两可的答案,以免降低评价的效度。

其四,学习档案(Portfolio)。学习档案或成长记录是形成性评价的首选形式。学习档案可以收集学习者作业,展示学习者的学习成果,记录学习者学习过程中所做的努力和所取得的进步。在国外，学习档案或者成长记录应用于英语教育教学已有十多年的历史。其价值在于它可以体现学习者语言发展的持续性和渐进性。通过详实的记录，学习者本人可以反思自己学习的整体情况和进步情况，也可与家长、其他教育工作者和其他学习者一起分享成果，这些无疑都可以增强学习者对自己能力的自豪感和自信心。

学习档案或成长记录通常包含以下内容：入学测试情况记录、学期中/末的学业成绩、学习者学习行为记录（如朗读、角色扮演、演讲等）、学习成果展示样本、反思性总结、教师与家长对学习者学习情况的观察评语、平时测验、自己或同伴对其学习态度、方法与效果的评价意见等等。

4.3.2.2 终结性评价（Summative Assessment）

终结性评价是在某一相对完整的学习阶段结束后对学习者学习目标的实现程度做出的评价。最常见的形式如期中期末考试、毕业学业考试等等。终结性评价通常是在一个学程结束时进行，以预先设定的教育教学目标为评价标准来衡量确定学习目标达成的程度。其作用有：一是考查在特定教学时段内的教育教学活动所覆盖的范围，为各种评估、选拔、评优提供参考依据；二是总体把握学习者综合语言运用能力的发展水平，为今后的教育教学活动提供教育教学起点。

按照不同的划分标准，英语语言测试种类有很多。

按测试目的划分：

成绩测试（Achievement Test or Attainment Test）。这是使用最为广泛的一种测试方式，其内容与某门课程的具体教学内容和教学目标紧密结合，通过测试可以检验学习者的学习成绩，反馈教师的教学效果。当然，在实际教育教学过程中它还有很多变形，如课堂小测、阶段检验，期中期末等标准化测试。

综合水平测试（General Proficiency Test）。从命名我们就可以理解这种测试不是针对某个学段、某本教材或某一单独的语言技能而展开的，它与成绩测试相对，它要测量的是语言的整体水平，测试内容可以包括听、说、读、写等各方面的内容，这类测试典型的代表就是 TOEFL、GRE。

诊断性测试（Diagnostic Test）。诊断性测试通常应用于某类课程进行一段时间之后,目的是要检测学习者在本阶段中语言知识学习情况或者语言技能掌握情况。此类测试内容通常仅限于最近的教育教学内容,时间不宜过长,题型可以多样,由授课教师出题,其结果对于教师调整教学内容和教学方法意义显著。

分班测试(Placement Test)。分班测试的目的就是把新生按程度分班,这种测试没有以具体的教学大纲为依据,可以是前三种测试的结合。值得注意的是,此类测试的试题应该有良好的综合语言运用能力区分度,成绩分布应均匀,便于因材施教。

按测试规模划分:

标准化测试(Standard Test)。标准化考试作为教育及心理测量学研究的基本对象,兴起于二十世纪初并传入中国。它是近代实证科学应用于考试研究的结果。这种测试是指根据统一、规范的标准,对考试的各个环节包括测试目的、命题、施测、评分、计分、分数解释等按照系统的科学程序组织,从而严格控制了误差的考试。现在有许多高质量的标准化考试(如托福、SAT等)都还在继续使用选择题,说明这种题型具有一定的优势。但是笔者并不否定其最大的问题是无法测量学生的思维能力及过程。另外编制过程极其费时费力,特别是干扰项的创设。

课堂测试(Classroom Test or Teacher Made Test)。课堂测试主要是学校教师根据自身的教学经验,考虑本校学生的实际情况,以及所使用的教材内容编制的测试。这类测试的标准性是远远不及标准化测试的,但是因为其灵活性高、可操作性强备受青睐。

按评估标准划分:

常模参照型测试(Norm-referenced Test)。常模参照型测试是为了显示该考生于其所在考试群体中横向的比较位置,显示其语言能力水平与其他人之间差距。我国很多大型考试都采取这种测试模式,如中高考,研究生入学考试,大学英语四六级考试等等。需要注意的是,此种测试方式只能反映出学习者与同伴之间的相对位置,并不能说明其达到了某一学段的教学目标。

目标参照型测试(Criterion-referenced Test)。这种测试关注学习者本身是否到达某种标准或期望的能力水平，并不关心学习者之间的差距。例如，如果某一学生在雅思中的学术类作文考试中得到6分，那么相对应地，他就应该达到以下标准：能确切选择有用信息进行全面评述，并强调主要特点或要点，但细节可能与要点无关、不恰当或不准确；论证过程清楚，有效使用衔接手段，但句内或句间衔接有错误或显机械呆板，有时指代不清晰或不恰当等等。

按评分方式划分：

客观测试（Objective Test）。该种测试的评分不需要或几乎不需要评分者进行主观判断，甚至计算机都可以完成。这种测试因其试题的客观性极强使得测试本身的信度很高、操作性强，但我们也应该意识到这种测试方式不利于检测学生的思维过程以及综合语言运用能力，应该做好调整补充。

主观测试（Subjective Test）。与客观测试相反，主观测试不可避免地在评分过程中需要评分人在参考评分标准的基础上运用主观经验甚至世界观来做出判断。我们常见的作文和论述题均属主观测试题。主观题测试题可能在试卷信度上逊于客观测试，却能够较直接地看到学习者的思维过程、情感态度以及综合语言运用水平。

测试的质量取决于试卷的质量。为了不断提升试卷质量，提高测试科学性，专业命题人通常会从效度、信度、难度以及区分度几个方面去衡量试卷质量，分析测试结果。

效度（Validity）。指该试卷是否能正确测出它要测量的行为特征，也就是试卷的有效程度。我们都知道一份写作试卷对于语音的测试效果是低效的，若一份三年级的英语试卷用来测试初中一年级的学生，其测试效果也是低效的。这说明效度是相对于某一特定的测试目的和功能的，也是针对某一特定群体的，不能一概而论。这就是效度的相对性。效度相对性的另一含义指任何语言测量不可能直接测得测量对象的所有语言行为表现，都是根据某些行为样本间接地推测个人或群体的语言行为特征。所以，试卷效度有高低之分，其推测结果不可能绝对有效，但也不可能完全无效。实践中，最常见的有内容效度和统计效度。

内容效度（Content Validity）指试卷测量的内容与它所要测量的内容的相

关性，测验题目是否包括了测试范围内的所有重要部分，是否具有典型性。对内容效度的评估我们更倾向于请业内专家对试题结构和内容等方面进行专业分析，不提倡简单使用统计手段进行。

统计效度（Statistical Validity）又分为预测效度（Predictive Validity）和共时效度（Concurrent Validity）。它们的相同之处在于都可以通过统计方法进行，可以为我们删减试题、试卷分析、改善试卷质量提供准确的统计数据；同时，它们都选取某个可靠的参照标准（或者称其为效标）来确定效标分数与测验分数的相关程度。我们认为相关系数越高，该测试的效度就越高，反之则越低。不同之处在于时间节点不同。预测效度指测试的结果在很大程度上预示了考生未来的语言表现。共时效度指的是在一定的时间范围内相继在同一组学生中展开的两次考试的相关情况。

某次考试的效度可用积差相关公式计算，普遍认为语言测试的效度系数高于 0.60 时比较理想。

效度计算公式如下：

$$r = \frac{\sum xy - (\sum x)(\sum y)/N}{\sqrt{\sum x^2 - (\sum x)^2/N}\sqrt{\sum y^2 - (\sum y)^2/N}}$$

$r=$ 效度指数

$\sum x=$ 全体考生 x 卷（如：效标卷）分数之和

$\sum y=$ 全体考生 y 卷（如：需测算效度的教师自编卷）分数之和

$\sum x^2=$ 全体考生 x 卷分数的平方之和

$\sum y^2=$ 全体考生 y 卷分数的平方之和

$\sum xy=$ 全体考生 x 卷和 y 卷乘积之和

信度（Reliability）。生活中，我们用同一只血压计在短时间内连续测量同一个人的血压，如果几次结果相差很大，这就说明这只血压计无法准确测量人的血压指标，它展示的结果一定是不准确的；相反，同样的多次操作后得到一组几乎无差别的数据，则说明这只血压计工作状态良好，能够准确测量人的血压。同理，我们可在相同的考试条件下，在一定的时间范围内，在同一个考试群体中展开两次或者多次考试，并把每次考试的成绩加以比较分析，从而测定前后几次测试的一致性。这种做法实际就是对试卷信度的测量，即试卷在多次等值条件下得出的测试结果的稳定性。试卷信度除了说明测试内容与教学的相关程度，还反映出考生成绩的真实性。

我们考查试卷的信度一般来说既要考虑试卷本身的信度，也要考虑试卷的评分者的信度。前者由试卷本身的考查内容决定的，后者是围绕评分者的主观判断展开的。

依照信度的定义，我们知道计算信度就是要算出同一试卷两次考试成绩间的相关程度。两次考试的成绩很接近，说明其相关性高，该试卷测试结果比较稳定可靠，信度较高；相反，则说明信度低。

实践中，我们评估试卷信度可以采用如下几种方法：再测信度法（Test Retest Method）、复本信度法（Parallel Forms Method）和分半信度法（Split-half Method）。

在相同的考试条件下，使用同一份试卷对同一组考生进行两次测试即为再测信度法。

使用形式、题型、难度、数量都相同的平行试卷对考试进行两次测试。对这两次考试所得分数间的相关系数就是试卷的信度，这种方法为复本信度法。

上述两种信度评估方法可以运用效度的计算公式展开，请注意此时该考试的效标就是它本身。

现在介绍第三种信度评估方法——分半信度法。我们首先将试题按题型、难度等按照奇偶数分成两部分，然后计算奇数题号试卷与偶数题号试卷之间的相关系数，从而得出试卷的信度。

难度（Item Difficulty）是指试卷的难易程度，是评价考试的一个非常重要的一个指标，以下公式中用 P 表示，这时也称通过率。

客观性试卷难度计算公式：$P=k/N$（k 为答对该题的人数，N 为参加测验的总人数）

主观性试卷难度计算公式：$P=X/M$（X 为试卷平均得分；M 为试卷满分）

主、客观试卷的计算公式：$P=(P+P')/2$（P、P' 分别为试卷针对高分组和

低分组考生的难度值）

步骤为：①将考生的总分由高至低排列；②从最高分开始向下取全部试卷的27%作为高分组；③从最低分开始向上取全部试卷的27%作为低分组；④计算。

一般将难度值大于和等于0.7的试卷定为容易题；大于0.4和小于0.7的定为中档题；小于和等于0.4的试卷定为难题。

区分度。在教育教学实践过程中，我们有时候会发现这样的情况：答对某道题目的学生是低分组的，而高分组的学生反而没有答对。所以难度系数只是答对率，无法解释上述问题，这时我们就需要试题区分度这个概念。试题区分度是指试题区分学习者水平的程度，区分度高的试卷能够让高水平的学习者得高分，低水平的学习者得低分。如果一套试题的结果显示大量学生出现在同一分数区间，则表明该试题的区分度低。

个别试题的区分度常用计算方式如下：

首先将全体考生在本道题目上的分数进行排序，将得分最高的27%考生定为高分组，得分最低的27%考生定为低分组，然后分别计算两组考生在该道题目上的通过率，两个通过率之差就是这道题的区分度（又叫鉴别指数，我们用D表示）。

计算公式为：$D=P_H-P_L$（P_H为高分组通过率、P_L低分组通过率）

整个试卷的区分度常用计算方式如下：

类似地，将全体考生总分从高到低排列，将总分最高的27%的考生定为高分组，总分最低的27%考生定为低分组，再分别计算各组的平均分。

计算公式为：$D=2(X_H-X_L)/W$（其中X_H为高分组平均分，X_L为低分组平均分，W为试卷总分）

大家可以参照下列标准来解读区分度：区分度在0.4以上表明此题的区分度很好，0.3—0.39表明此题的区分度较好，0.2—0.29表明此题的区分度不太好需要修改，0.19以下表明此题的区分度不好应该淘汰，高考的区分度一般要求在0.3以上。

4.3.3 英语教师教育教学水平评价

教学工作是教育工作的核心，英语教师教学水平评价是英语教育评价的核心。对英语教师的教育教学水平进行评价既可以促进师资队伍的建设，又可以推动教学管理工作。

4.3.3.1 英语教师教育教学水平评价的意义

第一，基于英语教师专业发展的需要。

教师的教育教学能力是教师的立命之本，英语教师也不例外。所以对教师教育教学水平的评价是教师教育最重要的课题之一。科学客观的教育教学水平评价可以保障英语课程顺利实施，可以促进教师专业健康发展。

第二，基于英语课堂教学改革的需要。

英语教师的教育教学水平的评价必将促进英语教师更快更好地转变教育思想，更好地在英语课堂教学中发挥主导和创新意识，进而促进、完善英语课堂教学改革。

第三，基于英语教师之间辐射功能的需要。

对英语教师教育教学水平的评价可以让被评价教师清楚地看到自身优缺点，关键的是可以从身边优秀的榜样身上寻找内在的需要和动力，并在英语教师群体之间建立良好的辐射网。

第四，基于学校管理系统科学化的需要。

对英语教师教育教学水平评价是学校评价体系的重要组成部分。通过对英语教师展开科学有效的教育教学水平评价可以客观真实地鉴定教师的教学态度、教学质量、工作能力等方面，为学校整体的管理评价工作提供更系统，更科学的决策依据。

4.3.3.2 英语教师教育教学水平评价的原则

教育部 2001 年颁发的《基础教育课程改革纲要（试行）》指出："建立促进教师不断提高的评价体系。强调教师对自己教学行为的分析与反思，建立以教师自评为主，校长、教师、学生、家长共同参与的评价制度，使教师从多种渠道获得信息，不断提高教学水平。"为了促进教师的专业发展，突出教师的主体地位，对教师教育教学水平的评价应体现以下原则：

其一，多元性原则。

一是指参与评价者的多元化，即做到全员参与评价；二是评价内容的多元化，即要对教师教育教学水平相关的方面展开评价；三是评价阶段的多元化，即在教师教育教学的动态过程中都要有评价。

其二，发展性原则。

英语教师教育教学水平评价的基本目标之一就是通过切实分析和诊断帮助教师积极构建新的教育策略，调整教育教学手段，从而促进师生的共同发展。

其三，隐私性原则。

学校应该将教师的教育教学水平评价材料当作教师的隐私来保护，对教师的评价进行"非开放性反馈"。避免出现不必要的反感情绪或者防止人际关系的紧张都是保证教师积极参与评价的关键。

4.3.3.3 英语教师教育教学水平评价

下面从对教师教育教学的评价内容、评价主体和评价方法三个角度进一步阐述如何展开对英语教师教育教学水平评价。

第一，评价内容。

基于以上原则对教师教育教学的评价内容主要集中在对教师素质的评价和对教师教学与科研的评价两个角度。

其一，教师素质。教师素质是一个很宽泛的概念，很难用具体几个方面界定，我们可从职业道德、文化素养、教育教学观、师生关系、常规工作内容等角度展开。

职业道德方面，教师要爱国敬业、为人师表、严谨治学、与时俱进、积极上进；文化素养方面，教师要热爱祖国文化，正确理解与引介外国文化，有较强的学习能力和终身学习的意识，有较高的文化礼仪水平和交际能力；正确的教育观，教师能认识到教育要造就数以亿计的高素质劳动者、数以千万计的专门人才和一大批拔尖创新人才，所以教育应着眼于全体学生；师生关系方面，教师能全面了解、研究、评价学生，尊重学生，关注个体差异，帮助全体学生充分参与学习，形成教学相长的师生关系；常规工作内容方面，教师能按时参加继续教育培训，完成学校规定工作量，积极参加研讨活动，积极主动与学生、家长、同事、学校管理者进行交流和沟通。

其二，教师的教学与科研。对教师的教育教学与科研的评价大致可以从教学能力、教学效果、科研工作能力三个重要角度展开。

教学能力方面，教师能运用有效的教学方法，比如为学生提供讨论、质疑、探究、合作的机会，注重引导学生进行创新与实践；拥有出色的管理能力，包括教师上课前利用各种教学资源的能力，辅助教学手段的使用能力，班级事务的处理能力；在课堂教学之后能及时反思自己的教学过程，能探索和思考取得最佳的教学效果的途径和方法；教学效果方面，在关注学生学习过程中，关注情感态度与文化价值观的同时，重视学生知识与技能的培养。能正确处理好教材、学生、教师三者的辩证关系；科研工作能力方面，教师能够运用现代语言学和教育学理论研究教材与教学方法、学习策略、语言习得和跨文化交际等与中小学英语教学密切相关的课题，培养教学型与科研型相结合的专家型教师。

目前，课堂仍然是英语教育教学活动发生的主阵地。所以课堂教学是客观准确评价教师素质和专业水平的重要指标。因此，课堂教学评价要多角度全面参与，要做到师生互动、生生互动、以学论教、以教促学。

Brown 和 Hudson 所提出的现代英语教学评价的 11 个基本特点值得我们借鉴：

（1）Require students to perform, create, produce or do something.

（2）Use real world context or simulations.

（3）Are non-intrusive in that they extend the day-to-day classroom activities.

（4）Allow students to be assessed on what they normally do in class every day.

（5）Use tasks that represent meaningful instructional activities.

（6）Focus on processes as well as products.

（7）Tap into higher level of thinking and problem-solving skills.

（8）Provide information about the strength and weakness of students.

（9）Ensure that people, not machines, do the scoring, using human judgment.

（10）Encourage open disclosure of standards and rating criteria.

（11）Call upon teachers to perform new instructional and assessment roles.

教师在课堂中起主导作用反映在创造性地利用教材，整合资源，组织课堂活动，调动学生学习英语的积极性，帮助学生自主学习；课堂教学的有效性最低层面的要求应是学会了新的知识，再进一步就是运用所学的语言知识培养了听说读写交际的能力，掌握了一定的学习策略，能够发展积极向上的情感体验和进一步学习的强烈欲望。

国内学者章兼中归纳的英语课堂教学评估表（具体内容如下）简明扼要，易于操作，也是很好的参考模板。

表 4-10　英语课堂教学评估表

指标		因素	评分	不可应用	评语
教学目标 适切性 挑战性		明确、具体、可操作	5 4 3 2 1		
			5 4 3 2 1		
			5 4 3 2 1		
教学内容 突出重难点 利用资源		语言、思想情意统一	5 4 3 2 1		
			5 4 3 2 1		
			5 4 3 2 1		
教学过程	教与学	结构紧凑合理	5 4 3 2 1		
		精讲知识	5 4 3 2 1		
		形成技能、熟巧认知、使用规则	5 4 3 2 1		
		创造性交际运用	5 4 3 2 1		
		积极互动、生成发展	5 4 3 2 1		
		思维活跃	5 4 3 2 1		
教学素质创设情境、板书合理教态自然有效管理		语言清晰	5 4 3 2 1		
			5 4 3 2 1		
			5 4 3 2 1		
			5 4 3 2 1		
教学效果交际运用知识能力发展智慧、情意文化、策略方法		夯实双基	5 4 3 2 1		
			5 4 3 2 1		
			5 4 3 2 1		
总分			5 4 3 2 1	5 4 3 2 1	
总评语					

第二，评价主体与形式。

我们应该建立合理的、以教师为本的、多方参与的多元评价模式，即应以教师自评为主，学校管理者、同事、家长、学生共同参与。

这种多元评价方式把评价权交给教师本人，有助于激发教师自身发展的内驱力，有助于激发教师在教学实践中不断探索的热情，也可以促进教师职业道德和专业水平的提高。同时，学校管理者、同事、家长、学生共同参与评价教师，能全方位、多渠道、客观地反映教师的职业道德和专业水平。

第三，评价工具。

对教师的评价方式应多种多样，如，终结性评价与形成性评价相结合而以形成性评价为主的方式，他人评价与自我评价相结合而以自我评价为主的方式，相对评价与个体内差评价相结合而以个体内差评价为主的方式。对教师的评价既要有对教学个案的分析，也要有对教师参加研讨活动的管理；既要引导教师参加各类专业竞赛活动，也要引导教师对自己或同事的教学行为进行分析、反照与评价活动。

基于评价主体的多元性，管理者应该设计一些相应的评价工具，诸如：

其一，自评工具。教师自评在理论上有诸多优点，比如更有利于教师进行自我反思和评价，发现自身潜能，促进教师的自我发展。管理者可以设计一些教师自我课堂教学评价表（可以参照上述课堂教学评估表）、成长记录或者反思性总结等等。

学校管理者在实际开展教师自评时应注意以下一些问题：首先，引起教师对自评工作的重视，了解掌握自评的原则、内容和程序，避免出现教师淡化自身缺点或优点的两种倾向。其次，慎重使用和评估自评结果，建立规范化、制度化的评价模式。建议将自评结果作为制订改进计划、促进教师自我发展的一项重要依据。

其二，他评工具。

学校管理者对教师的评价可从以下几个方面展开：英语专业知识：①发音的准确；②掌握目的语说和写的情况；③了解目的语国家的社会习俗、当今生活、史地知识、文艺和音乐；④语言学的知识及语言习得本质的知识；⑤能用目的语编制恰当而正确的口、笔头练习；教学成效主要是指所教学生的学业成绩；教案及其设计技巧：主要关注教学设计的规范性、设计性与创新性；课堂管理；专业态度等方面。

学生对教师的评价表。内容可涉及职业道德、教师的能力和品质、为人师表、学生自己的学习效果等方面。

家长对教师的评价表，内容包括教师的工作态度、课堂教学及管理学生等。家长可以利用"家长开放日"、参加家长会等机会与教师接触和沟通，通过观察子女学习与作业情况侧面了解教师的教学思路与教学态度。

4.3.4 英语考试改革和命题研究

2014年，国务院颁布的《国务院关于深化考试招生制度改革的实施意见》（以下简称《实施意见》）中明确提出要加强"外语能力测评体系建设"（以下简称"测评体系"），第一次从国家层面对外语考试综合改革和系统化建设提出了明确要求。测评体系建设以我国外语教育教学存在的问题为导向，以促进学生健康成长成才为宗旨，着重评价体系的科学化、系统化建设。测评体系建设任务包括建立统一、规范的测评标准，研发科学、系统的等级考试，推动外语考试内容与形式改革，促进形成性评价与终结性评价的综合应用，构建面向各级各类学习者的外语能力综合评价体系。

据姜钢、何莲珍的调研发现，现有外语考试存在的问题集中在三个方面：

首先，考试类型繁多，缺乏统一的评价标准。目前，我国的英语考试项目很多，题型、评价标准各异。这样的情况导致或者各学段之间的考试衔接性差，或者各个考试之间内容重复，令考生难以理解，同时各类考试之间对比性难以界定，使得人才选拔的尺度不一致。

其次，考试对英语教学反拨作用不强。现有的类型繁多的外语考试对学生语言的综合运用能力考查不够全面，比如各个学段对英语听力能力测试普遍薄弱，对学生的书面表达能力考查偏弱，成绩的反馈以具体分数居多，所以对教学的反拨作用不强。

最后，考试国际化水平很低。我国虽然外语考试规模世界最大，但因缺乏清晰统一的标准,不能向外界提供证明考试质量的足够证据,考试的国际认可度不够高,不利于建设教育强国目标的实现。

基于此,我们要建设一个既体现中国特色、符合中国国情,又与国际接轨的英语能力考试体系,这是国家新时代人才选拔及培养的要求,也是外语教育教学健康可持续发展的要求。

第一,体现立德树人时代特性,促进德智体美劳全面发展。

英语考试命题应全面贯彻党的教育方针和全国教育大会精神,强化爱国情怀、理想信念、品德修养、知识见识等方面的考查要求,引导学生增强四个自信。试题选材围绕"人与自然、人与社会、人与自我"三大主题全面考查英语综合运用能力,持续强化对体美劳教育的引导,促进学生德智体美劳全面发展,夯实全面成长基础。

第二,以必备知识为基础,提高综合语言运用能力。

高考评价体系提出的基础性、综合性、应用性和创新性考查要求对中学英语教学改革有重要的启示:中学英语教学要重视和回归教材,在夯实学生必备语言知识和文化知识的基础上,促进学生综合语言运用能力的提升;英语学习应关注课程标准对英语语音、词汇、语法、语篇、语用等语言知识及文化知识的要求;既要学好语法,更要关注词汇的学习和灵活运用。近年来,高考英语试题均基于语篇进行考查,提示中学英语教学要有意识地渗透语篇知识,帮助学生形成语篇意识,提高理解语篇意义的能力,以达到提高综合语言运用能力的目的。

第三,以学科素养为导向,加强关键能力培养。

交际、学习、思辨的学科素养既是基础教育培养目标的要求,也是高校人才选拔的要求。英语听、说、读、写四项能力以学科素养为导向,承接学科素养的要求。近年来,高考英语试题不断加强对阅读理解、应用写作和语言表达等关键能力的考查,尤其是实行高考综合改革省份所使用的新高考英语试卷中阅读理解和写作的分值都有所增加。中学英语教学在培养学生学科素养的同时,还要重视培养学生的批判性思维和辩证思维能力。